KB266016

마이크 앞에 서고 싶은 당신에게

무대 위 40년으로 들려주는 말하기 전략

마이크 앞에 서고 싶은 당신에게

초판 1쇄 인쇄일 2026년 4월 18일
초판 1쇄 발행일 2026년 4월 25일

지은이 김선영
펴낸이 양옥매
디자인 표지혜 송다희
마케팅 송용호
교 정 정혜성

펴낸곳 도서출판 책과나무
출판등록 제2012-000376
주소 서울특별시 마포구 방울내로 79 이노빌딩 302호
대표전화 02.372.1537   **팩스** 02.372.1538
이메일 booknamu2007@naver.com
홈페이지 www.booknamu.com
ISBN 979-11-6752-796-7 (03320)

마이크 앞에 서고 싶은 당신에게

김선영 지음

무대 위 40년으로 들려주는 말하기 전략

책과나무

김현욱(前 KBS 26기 아나운서, 現 아나운서㈜ 대표)

"프리랜서의 마이크는 '실력'이라는 이름의 생존 도구입니다."

아나운서 아카데미 동기로 처음 만나 행사 MC도 같이 하는 등 그 인연을 계속 이어 왔던 저자 김선영 아나운서는 누구보다 현장에 강한 사람이었습니다. 화려한 무대 뒤에서 프리랜서 아나운서들이 겪는 치열한 고민을 저도 잘 알고 있습니다. 우리에게 말하기란 단순한 전달을 넘어, 곧 이름값이자 생존이기 때문입니다. 이 책에는 김선영 저자가 아나운서, MC, 리포터, 그리고 강사로서 현장을 누비며 쌓아 온 '진짜 실전 팁'이 가득합니다. 무대 앞에서 겪는 당혹스러운 변수들을 해결하는 과정과 프리랜서의 재섭외를 위한 한 끗 차이가 무엇인지를 명확하게 짚어 줍니다. 이제 막 마이크를 잡은 후배들부터, 정체기에 빠진 베테랑 프리랜서들까지. 김선영 저자의 노하우가 담긴 이 책이 여러분의 마이크에 강력한 날개를 달아 줄 것이라 확신합니다. 현장의 온기가 살아 있는 김선영 아나운서의 이 책을 즐거운 마음으로 추천합니다.

강병규(안동MBC PD)

"말은 타고난 재능이 아니라 훈련으로 다듬어지는 근육이다."

저자의 이 말은 결코 겉치레가 아닙니다. 훈련과 노력은 그녀에게 평범한 일상이었으며, 단순히 카메라에 비치는 겉모습에 치중하지 않았습니다. 화려하게 꾸며진 무대 위에서든, 날것 그대로의 치열한 현장에서든 그녀가 보여 준 악착같음은 40년이라는 세월을 지나 빛나는 결과로 증명되었습니다. 그것은 자만심이 아닌 자신감이었고, 그 누구 앞에서도 주눅 들지 않는 당당함이었습니다. 타인의 목소리에 귀를 기울일 줄 아는 아나운서

김선영의 땀과 현장 경험이 고스란히 녹아있는 이 말하기 실전 매뉴얼을 기쁜 마음으로 권합니다. 이 책은 방송인을 꿈꾸는 이들은 물론, 일상에서 더 나은 소통과 대화를 원하는 모든 분께 든든한 말하기 길잡이가 되어 줄 것입니다.

조문균(前삼성 직속 상사)

'똑' 소리가 났습니다. 김선영 아나운서를 면접장에서 처음 본 순간, 자그마한 키에 동그란 얼굴, 그리고 청명하게 들리는 목소리, 그야말로 '똑순이'였습니다. 그렇게 시작된 삼성그룹에서의 사내 방송국 아나운서 생활. 사내 방송을 위해 징검다리 건너듯 총총걸음 재촉하여 취재, 인터뷰, 편집으로 밤을 지새우며 14년을 달려 나갔습니다.

직장인이자 방송인으로서 긴 시절을 뒤로하고 더 큰 꿈을 향해 회사 밖을 제 발로 나설 때 나는 그녀의 뒷모습을 처음 보았습니다. 참으로 씩씩했습니다.

추천사

오롯이 말로, 방송으로 먹고살겠다는 단순함과 절실함으로 큰 대문을 박차고 나가, 고향으로 향한 지 몇 년 후……, 거친 생태계에서 1년에 1~2건의 행사로 시작하여 현재는 연 100회 이상의 활동을 하는 MC가 되었다는 소식을 듣는 순간, '전문 MC가 다되었구나' 싶었습니다.

똑똑똑…… 울림이 있습니다. 변함없이 변하는 그녀의 두드림의 행보는 당돌하지만 울긋불긋 댑싸리 부끄러움 많은 팜파스, 인고의 빛 머금은 해국처럼 화려하고 흔들림 없는 편안함으로 다가옵니다.

이제는 '김선영 작가'입니다! 작가로서 새로운 출발을 응원합니다. 이 책은 말하기뿐 아니라 포기하지 않는 작가의 근성과 도전을 통해 많은 분께 큰 울림이 될 것이라 자신합니다.

*

김수종(前 공동체라디오방송국 보도국장, 「지방이 살아야 대한민국이 산다」 저자)

'재치와 순발력 넘치는 김선영 아나운서'

봉화군 춘양에서 자라 서울과 특별한 인연 없이 성장

　　　　　　　　　　　마이크 앞에 서고 싶은 당신에게

한 김선영 아나운서는 초등학교 시절 방송반에서 처음 마이크를 잡으며 말하기의 길을 열었습니다. 그 경험은 대학 시절까지 이어졌고, 마침내 삼성의 사내 아나운서로 14년간 활동하며 자신의 길을 차곡차곡 쌓아 올렸습니다. 방송을 함께하며 수많은 아나운서를 만나 보았지만, 김선영 아나운서만큼 재치와 순발력이 빛나는 사람은 드물었습니다. 순간을 읽는 감각, 상황을 살리는 기민함, 상대를 편안하게 만드는 따뜻한 소통 능력은 현장에서 늘 깊은 인상을 남겼습니다. 이 책은 단순한 말하기 기술서가 아닙니다. 현장에서 쌓아 올린 경험과 꾸준한 연습으로 다져진 실전 기록으로, 아나운서, MC, 강사, 리포터 등 말로 일하는 사람들에게는 실질적 노하우를, 프리랜서로 자신의 길을 개척하는 이들에게는 말하기의 가치와 연습의 방향을 선명하게 제시해 줍니다. 김선영 아나운서가 전하는 진솔한 경험과 조언이 이 책을 펼치는 모든 이들에게 작은 용기와 새로운 출발의 계기가 되기를 기대합니다.

추천사

조용필 님 50주년 팬클럽 연합 행사 중

(2019.3.16.)

40년을 말로 먹고산 비결

"선영이는 나중에 커서 아나운서 하면 참 잘하겠다."

　나에게 꿈을 심어 주었던 초등학교 시절 방송반부터 지금에 이르기까지, 나의 모든 시간 속에는 늘 마이크가 있었다. 전공과는 무관했지만 좋아서 시작한 일이 평생의 직업이 되었고, 초등학교 시절부터 계산하면 무려 40년. 나는 말 그대로 '말로 먹고사는' 사람으로 살아왔다. 하지만 동시에 '안 되는 이유'가 참 많았던 사람이기도 했다.

　얼마 전 배우 이하늬 씨의 수상 소감이 내 마음을 깊게 파고들었다. "저는 되는 이유보다 안 되는 이유가 많은 배우였습니다. 키가 커서, 목소리가 낮아서⋯⋯. 수많은 거절을 당했지만, 10년을 버티다 보니 단점이 장점이 되고 세상이 변하더라고요. 끝까지 하다 보면 뭐라도 됩니다.” 탄탄대로만 걸어온 줄 알았던 그녀도 결국은 ‘버텨 낸 사람’이었다. 그 고백이 꼭 내 이야기 같아 가슴이 뜨거웠다. 나 역시 단점을 무기로 바꿔 가며 40년을 버텼기 때문이다.

이 책은 화려한 성공담이 아니다. 멈추고 싶었던 순간마다 나를 다시 일으켜 세운 기록이자, 안 되는 이유를 이겨 내고 꿈을 실현시킨 나의 절실한 실전 팁들이다. 당신을 지탱해 줄 단 하나의 무기, ‘말하기’에 대한 모든 것을 담은 책이기도 하다.

아나운서에서 MC, 강사, 리포터, 작가, 그리고 기간제 교사까지. 나는 수많은 직업의 옷을 갈아입으며 살아왔다. 사람들은 나를 ‘N잡러의 표본’이라 부르며 비결을 묻는다. 하지만 비결은 거창하지 않다. 직업의 명칭이 바뀔 때마다 나를 밀어 올려 준 유일한 무기는 바로 ‘말하기’였다.

우리는 누구나 자신을 팔아야 하는 시대에 살고 있다.

조직의 이름표가 사라진 자리에서 당신의 실력을 증명해 줄 것은 무엇인가? 밤새워 만든 포트폴리오와 화려한 자격증은 기본일 뿐이다. 결정적인 순간, 당신의 가치를 최종적으로 결정짓는 것은 당신의 '말 한마디'다.

말은 내 능력을 설명하는 부연 설명이 아니다. 내가 능력이 있다는 사실을 믿게 만드는 가장 강력한 증거다. 누군가에게는 안내 방송 한 번으로 최고 인사 등급을 따내는 보험이 되고, 누군가에게는 무대 위 재치 있는 입담 하나로 수천만 원의 계약을 따내는 기회가 된다.

이 책은 당신의 인생을 담보해 줄 수 있는 '말하기 교본'이다. 단순히 이론을 나열한 책이 아니라 40년 현장의 피와 땀을 고스란히 담아낸 실전 매뉴얼이다.

1장부터 4장까지는 아나운서, MC, 강사, 리포터로서 겪은 수많은 시행착오 끝에 얻은 실전 스크립트와 체크 리스트를 아낌없이 담았다. 당장 내일의 면접, 강단, 진행자로서 바로 꺼내 쓸 수 있는 가장 날카로운 무기가 될 것이다. 5장은 방송인이 아니더라도 왜 우리 모두가 '말 공부'를 시작해야 하는지, 말이 어떻게 당신의 몸값과 기회를 바꾸는지 나의 인생 경험으로 증명했다.

나는 당신이 이 책을 통해 '말하기'라는 보험을 들길 바란다. 말은 타고난 재능이 아니라 훈련으로 다듬어지는 근육이다. 내가 겪은 40년의 기록이 당신의 시행착오를 줄여 줄 가장 확실한 교본이 되길 바란다.

당신이 누구든, 어떤 일을 하든 상관없다. 당신의 목소리에 전략을 담는 순간, 세상은 당신을 다르게 평가하기 시작할 것이다. 이제 당신의 인생에 가장 수익률 높은 보험을 들 시간이다.

자, 이제 마이크를 당신에게 넘긴다. 당신의 말로 당신의 세상을 바꿔라.

2026년 4월

김선영

차례

1장

> ## 아나운서의
> ## 시작과 성장

선망과 오해 사이: '골드 라벨'의 명암

아나운서라는 직업은 오랜 시간 대중에게 선망의 대상이었다. 단정하고 이지적인 외모, 신뢰를 주는 목소리. 아나운서라는 타이틀은 그 자체로 한 사람의 외면과 내면, 그리고 지적 수준을 한꺼번에 보증하는 일종의 '골드 라벨'처럼 여겨지기도 한다. 그래서일까. 아나운서를 향한 대중의 시선에는 동경과 시샘이 동시에 존재한다.

때로는 그 시선이 지독하리만큼 세속적이기도 하다. "결혼을 잘하기 위한 가장 빠른 티켓이 아나운서 아니냐"는 냉소적인 시선이 대표적이다. 누군가는 유명세를 얻기 위해, 누군가는 화려한 인맥의 장에 합류하기 위해, 또 누군가는 그저 화면 속에 비치는 자신의 아름다운 모습에 취해 이 길을 선택할 수도 있다. 솔직히 말해보자. 마이크를 잡고 싶어 하는 수많은 지망생 중, 이런 욕망에서 완전히 자유로운 사람이 몇이나 될까? 나 또한 처음엔 그 화려한 세계를 동경했던 수많은 지망생 중 한 명이었음을 부인하지 않겠다.

하지만 현장에서 만난 아나운서의 세계는 결코 '신데렐라 스토리'의 무대가 아니었다. 만약 화려함만이 목적이었다면, 그 누구도 오랜 시간 아나운서의 자리를 지켜낼 수 없었을 것이다. 아나운서라는 타이틀로 얻는 단기적인 신뢰는 달콤하지만, 그 속을 들여다보면 누구보다 험난한 직장인의 삶과 다를 바 없다. 아침 방송을 위해 낮과 밤이 바뀐 생활을 견뎌야 하고, 평일과 주말의 구분 없이 방송 일정에 맞춰 삶을 수정해야 한다. 방송국 내에서는 메인 진행 자리를 놓고 소리 없는 경쟁을 치러야 하며, 때로는 연고도 없는 지역 방송사로 파견되기도 한다.

최근 예능 프로그램 〈사장님 귀는 당나귀 귀〉에 비친 아나운서들의 모습은 이러한 현실을 여실히 보여 준다. 카메라 뒤에서 만나는 그들의 삶은 어떤가? 선배 아나운서의 차가운 피드백에 남몰래 눈물 흘리고, 기러기 엄마를 자처하며 방송사 숙직실에서 생활하는 아나운서들의 모습은 대중이 아는 화려함과는 거리가 멀다. 시청자와의 약속을 지키기 위해 매일 아침 생방송이라는 전쟁터로 뛰어드는 직업, 화려한 조명을 받는 1시간을 위해 나머지 23시간을 늘 긴장 속 '스탠바이' 상태로 보내야 하는 것이 아나운서의 숙명이다.

당신은 매일 아침 전 국민이 지켜보는 앞에서 단 한 번의 실수도 허용하지 않는 그 예민한 삶을 견딜 준비가 되었는가? 아나운서의 진짜 매력은 화려한 겉모습이 아니라, 그 독한 과정을 견뎌 냈을 때 비로소 찾아오는 성취감에 있다.

   마이크 앞에 서고 싶은 당신에게

'미인들의 집합소'에서 발견한 프로의 위엄

내가 아나운서를 꿈꾸던 대학 시절, 방송사 리포터로 활동하며 처음 마주한 방송국은 그야말로 별세계였다. 특히 방송국 복도에서 마주치는 아나운서들은 내가 평생 봐 온 그 누구보다 아름다웠다. 화려한 메이크업과 완벽한 의상, 몸에 밴 우아한 태도까지. '세상에서 가장 예쁜 사람들은 다 여기에 모여 있구나.'라는 생각이 절로 들었다. 당시의 나에게 아나운서란 그 화려한 풍경의 정점에 서 있는 선택받은 존재들이었다.

하지만 리포터로서 그들의 곁에서 함께 숨 쉬며 지켜본 시간은 나의 얕은 짐작을 여지없이 깨뜨려 놓았다. 완벽한 방송 원고를 소화하기 위해 몇 번을 수정하고, 외우고, 반복 연습하는 프로 정신, 카메라 불빛이 꺼진 뒤 거울 앞에서 퀭한 눈을 비비며 화장을 지우던 아나운서들의 뒷모습을 본 순간부터였다.

그 예쁜 얼굴 뒤에는 실수를 용납하지 않으려는 '독한' 노력이 숨어 있었다. 생방송 직전, 갑작스러운 속보나

     1장 아나운서의 시작과 성장

장비 문제로 현장이 아수라장이 된 순간에도 아나운서들은 눈 하나 깜빡이지 않았다. 새 원고를 단숨에 파악하고, 감기 기운에 신음하다가도 카메라 렌즈에 빨간 불이 들어오면 언제 그랬냐는 듯 가장 편안한 미소를 지어 보였다. 리포터였던 나는 원고 한 줄 읽는 것도 벅차 덜덜 떨고 있을 때, 아나운서들은 수만 가지 변수가 도사리는 생방송 현장을 지휘하고 있었다. 그들에게 예쁨은 기본 사양일 뿐, 진짜 무기는 어떤 상황에서도 흔들리지 않는 강철 같은 멘털과 철저한 준비성이었다.

그때 깨달았다. 아나운서는 단순히 예뻐서 하는 직업이 아니라, 예뻐 보일 틈도 없이 치열하게 싸워 마침내 우아함을 '쟁취'해 내는 직업이라는 것을. 단순한 아름다움을 압도하는 '전문가의 위엄'이 거기 있었다. 나도 그렇게 되고 싶었다. 어떤 풍랑 속에서도 중심을 잡고 시청자에게 안도감을 주는 사람. 예쁜 것을 넘어 '멋있는' 사람이 되고 싶다는 갈망이 나를 아나운서의 길로 이끌었다. 화면에 비치는 찰나의 미모에 취해 아나운서를 꿈꾼다면 방송국의 차가운 공기와 생방송의 중압감을 결코 견뎌 낼 수 없다.

다시 묻는다. 당신은 왜 아나운서가 되려 하는가? 진짜 아나운서로 살아남는 이들은 '화려한 나'가 아니라, 나를 바라보는 시청자들에게 '책임감과 약속'을 전하는 가치에 집중하는 사람들이다. 화려한 수식어를 걷어 내고 스스로에게 질문을 던져 보라.

'나를 돋보이게 하는 것보다, 내 앞의 출연자와 시청자를 빛나게 하는 일에 기꺼이 헌신할 수 있는가?'

이 마음이 전제되지 않은 아나운서라는 이름은 그저 속이 텅 빈 포장지에 불과하다. 그런 마음으로는 결코 마이크 앞에 오래 설 수 없을 것이다.

　　1장　아나운서의 시작과 성장

콤플렉스를 무기로 바꾸는 법

― 약점 많은 지원자가 붙은 이유

▷ 정확한 표준어를 구사한다.

▷ 단정하고 신뢰감 있는 외모(얼굴, 키, 이미지를 포함)의 소유자다.

▷ 상위권의 좋은 대학을 졸업한 엘리트다.

아나운서에 대해 사람들이 기본적으로 가지고 있는 생각일 것이다. 그런데 나는 기본 조건을 하나도 갖추지 못했다. 경상도에서 나고 자란 토종 경상도 사람이었고,

서울이나 경기권에는 놀러만 가 봤지 일주일도 살아 본 적이 없었다. 경상도 출신은 억양이 강해 아나운서가 될 수 없다며 아예 포기하라는 말도 많이 들었다. 그러나 그 시절 방송 현장에서 활약하던 아나운서들 가운데 분명 경상도 출신도 있었다. 절대 안 된다는 법은 없지 않은가.

아나운서라는 직업에서 외모는 중요한 요소로 여겨진다. 그중에서도 여자 아나운서는 유독 더 많은 시선을 감당해야 한다. 요즘 아나운서들을 보면 미스코리아 출신도 적지 않고, 아이돌이나 배우 못지않은 외모를 지녔다. 나는 키가 153㎝다. 작아도 정말 작은 키다. 얼굴은 그저 무난한 편이다. 성형으로 어느 정도 보완할 수 있다 해도 키만큼은 바꿀 수 없으니 아나운서는 어렵겠다는 말을 많이 들었다. 학교도 지방대 출신이고 내세울 만한 화려한 스펙도 없었다. 그렇게 나를 걱정한다는 이유로 아나운서의 꿈을 내려놓으라는 말이 끊임없이 이어졌다. 그래도 나는 그 꿈을 쉽게 포기할 수 없었다.

초등학교 시절 또박또박 책을 읽던 나에게 "선영이는

   1장 아나운서의 시작과 성장

아나운서 하면 잘하겠다."라고 했던 선생님의 그 말 한 마디가 꿈을 갖게 했다. 마이크를 타고 교정에 울려 퍼지는 내 목소리에 "목소리가 참 듣기 편하고 좋다. 너는 방송 체질이다."라고 말하던 학교 방송반 선생님, 대학생 리포터로 일할 때 "비음이 살짝 섞인 듯한 목소리가 참 듣기 좋다. 방송할 때 보니 감도 좋고 끼도 있으니 이쪽 일을 계속해 봐."라고 했던 PD님의 칭찬이 내 머릿속에 자석처럼 딱 달라붙어 떨어지지 않았다. 포기 대신 '그래! 누구 말이 맞나 해 보자'라는 오기로 도전하고 또 도전했다.

토종 경상도 사람인 내 주변에는 모두 경상도 말을 쓰는 사람뿐이었다. 표준어를 배울 방법은 방송에 나오는 서울 사람들, 뉴스와 라디오를 진행하는 아나운서들의 말을 그대로 따라 하면서 닮아 가는 방법뿐이었다. 그 시절에는 카세트테이프의 녹음 버튼을 눌러 시간을 맞춰 가며 소리를 담았다. 테이프가 늘어질 때까지 되감고 또 되감으며, 그들의 억양을 듣고 따라 하기를 반복했다. 경상도 사람들 틈에서 서울말을 쓰려고 노력하다 보니 덕분에 여고 시절 '서울 언니'라는 별명도 생겼고, 다른 한쪽에서는 '서울말 따라 하는 재수 없는 ×'라는 비아냥도 들어야 했다.

아나운서 시험을 보러 갈 때는 작은 키를 감추기 위해 10㎝ 이상의 수제화 구두를 신고 치마보다는 바지를 입어 높은 굽을 가렸다. 어느 방송사에서 카메라 테스트를 한다며 스튜디오에 들어가기 전 신발을 벗으라고 했던 때, 키가 드러날까 봐 까치발로 서서, 바지를 질질 끌며 걸어야 했던 웃픈 기억이 아직도 선명하다.

대학교 시절에는 학교 방송반, 방송사 리포터를 병행하느라 스펙 쌓을 시간도 없이 방송의 재미에 푹 빠져 살다 보니 서류심사에서부터 번번이 고배를 마셨다. 하지만 서류를 통과하면 최종 면접까지는 가뿐하게 올라갔다. 종이 위의 나는 약했지만 다양한 방송 경험으로 카메라와 마이크 앞에서는 강했다.

누구에게나 단점이 있다. 하지만 단점을 보완해 줄 나만의 강점이 분명히 존재한다는 것을 알아야 한다. 그리고 그 강점을 남들보다 더 발전시켜야 한다.

   1장 아나운서의 시작과 성장

전국 시험장을 돌며 배운 것들

전국의 방송사란 방송사는 안 가 본 곳이 없을 정도였다. 1차에서 문턱을 넘지 못하기도 했고 최종 면접까지 갔다가 더 쓴 탈락을 맛보기도 했다. 하지만 포기하지 않고 될 때까지 도전했기 때문에 내 이름 앞에 원하고 원하던 '아나운서'의 타이틀이 붙을 수 있었다.

20대 초반의 하루는 방송사 아나운서 채용 공고를 확인하는 일로 시작됐다. 공고를 보는 순간마다 가슴이 두근거렸다. 다시 한번의 기회라는 설렘, 또 떨어질지 모른다는 두려움, 시험장의 긴장감이 동시에 밀려왔기 때문이다. 그 두근거림이 나이 50인 지금까지도 아나운서 채용 공고 앞에서 그대로 살아난다는 사실이, 아직도 낯설고 신기하다.

탈락의 진짜 의미

전국의 방송사 시험장을 돌며 나는 합격보다 훨씬 많은 탈락을 경험했다. 서류에서 바로 떨어지기도 했고,

카메라 앞에서 멈춰 서기도 했으며, 최종 면접까지 갔다가 돌아서는 뼈아픈 날도 있었다. 처음에는 탈락이 나를 부정하는 신호처럼 느껴졌다. 하지만 시험을 한두 번 경험하며 방송사마다 적용되는 기준이 조금씩 다르다는 것을 느낄 수 있었다.

방송사 시험은 실력을 뽑는 자리이기 전에 기준을 적용하는 자리였다. 어떤 곳은 외모를 먼저 보고, 어떤 곳은 목소리의 톤을 봤으며, 또 어떤 곳은 태도를 유심히 들여다봤다. 같은 사람이 어느 시험장에서는 끝까지 가고, 다른 곳에서는 문턱조차 넘지 못했다. 나 또한 그랬다. 그때 깨달았다. 떨어졌다는 사실이 곧 부족함을 의미하지는 않는다는 것을. 이곳에서 뽑고자 하는 아나운서의 기준과 내가 맞지 않을 뿐.

서류 전형은 특히 그랬다. 종이 위의 몇 줄과 한 장의 사진으로 사람을 판단하는 과정에서, 실제 나의 진가는 전혀 담기지 않았다. 하지만 반복되는 탈락 끝에 나는 배웠다. 서류에서의 실패는 능력의 부재가 아니라, 시스템 통과에 실패했을 뿐이라는 사실을.

　　　　　　　　1장 아나운서의 시작과 성장

시험장마다 공기도 달랐다. 대기실의 침묵, 시험 방법, 면접 분위기와 질문의 방향이 모두 달랐다. 그 분위기에 휩쓸리면 준비한 말은 쉽게 흔들렸다. 몇 번의 실패 끝에야 중심을 잡는 법을 익혔다. 분위기에 맞추되, 나를 잃지 않는 당당한 태도, 이것은 시험장을 넘어 이후의 모든 현장에서 나를 지탱해 준 힘이 되었다.

카메라 앞에서는 각자의 실력이 분명히 드러났다. 그렇다고 실력순으로 합격이 결정되는 것도 아니었다. 방송 경험이 있는 지원자는 당장 현장에 투입해도 될 만큼 안정적이었고, 경험이 없는 지원자는 긴장된 표정과 떨리는 목소리에서 결과가 어느 정도 예견되기도 했다. 방송 경험이 많았던 나는 다른 지원자들의 눈에 전자에 속해 있었을 것이다. 붙을 것 같다는 응원의 말도 적지 않았다. 그러나 합격자는 오히려 후자의 경우인 적도 있었다.

한번은 탈락한 방송사에 전화를 걸어 정중하게 물은 적이 있다. 내가 무엇을 고쳐야 할지 알고 싶다고. 돌아온 답은 이랬다. 합격한 지원자는 아직 부족하지만 가르

 마이크 앞에 서고 싶은 당신에게

치면 빠르게 성장할 사람이고, 나는 오랜 방송 경험 속에서 생긴 습관이 오히려 고치기 어려워 보였다는 것이었다. 경험이 많다는 사실이 언제나 강점이 되는 것이 아니라는 것도 알게 되었다.

아나운서 시험을 준비한다면, 지원하려는 방송사의 아나운서 성향과 분위기를 살피는 일도 중요하다. 가능하다면 인맥을 통해 내부 분위기를 미리 알아 두는 것도 도움이 된다. 방송사는 현재 구성과 균형을 맞추려는 경우가 많아, 꼭 '비슷한 사람'이 아니라 '다른 결의 사람'을 찾기도 한다. 실제로 내가 리포터로 일했던 방송사에 지원한 지망생이 미리 분위기를 물어 온 적이 있다. 그 방송사의 상황을 솔직하게 전했고 그 조언이 합격으로 이어지는 것을 직접 경험했다. 이처럼 시험은 실력만이 아니라 맞는 자리를 찾는 과정이기도 하다.

아나운서 지망생에게 전국 지도는 곧 전략도였다. 서울의 대형 방송사부터 저 멀리 남해안 끝자락의 지역 방송사까지, 공고가 뜨는 곳이라면 어디든 달려갔다. 전국을 돌며 내가 배운 것은 단순히 발성이나 리딩 기술이 아니었다. 그것은 예기치 못한 변수 속에서 어떻게든 기회를 내 것으로 만드는 '야생의 생존법'이었다.

닫힌 문을 열다

닫힌 문도 열었던 경험이 있다. 간절히 원하던 지역 라디오 방송사의 시험 기회가 찾아왔을 때였다. 하지만 야속하게도 운명은 나를 시험대에 올렸다. 오디오 테스트 시간은 오후였는데, 당시 나는 도저히 오후 시간을 낼 수 없는 피치 못할 상황에 처해 있었다. 보통의 경우라면 '이번엔 인연이 아닌가 보다' 하며 포기했을 것이다. 하지만 전국을 돌며 단련된 나에게 '포기'란 가장 마지막 선택지였다.

"오전 시간에 안 될까요?"

나는 무작정 방송사 채용 담당자에게 전화를 걸었다. 행정적으로 정해진 시험 시간을 개인 사정으로 바꿔 달라는 요청이 얼마나 무리한 일인지 잘 알고 있었다. 하지만 간절함이 두려움을 압도했다.

"정말 이 방송국에서 마이크를 잡고 싶습니다. 사정상

 마이크 앞에 서고 싶은 당신에게

오후에는 도저히 갈 수 없는데, 혹시 오전에 미리 가서 녹음을 해 둘 수는 없을까요? 그 녹음본으로 평가해 주셔도 좋습니다. 제발 한 번만 기회를 주십시오.”

대답을 기다리는 동안 심장이 터질 듯 뛰었다. 마침내 돌아온 대답은 기적 같았다. 나의 간절함이 닿았는지, 예외적으로 오전 테스트를 허락해 준 것이다. 나는 누구보다 일찍 스튜디오에 들어가 혼신의 힘을 다해 녹음을 마쳤다. 결과는 ‘합격’이었다. 비록 최종적으로 다른 여건이 맞지 않아 실제 인연으로 이어지지는 못했지만, 그 경험은 나에게 평생 잊지 못할 교훈을 남겼다. 간절하게 문을 두드리는 자에게는 반드시 틈이 보인다는 사실을 말이다.

시험장은 단순히 평가받는 곳이 아닌, 나를 증명하는 곳이다. 전국 시험장을 누비며 깨달은 진리는 명확하다. 아나운서 시험은 완벽하게 세팅된 환경에서 리딩 실력을 뽑내는 경연 대회가 아니다. 갑작스러운 시간 변경, 낯선 환경, 컨디션 난조 같은 수많은 약점과 변수 속에서도 어떻게든 기회를 잡아내고 방송을 완수해 낼 수 있는

　　1장 아나운서의 시작과 성장

지를 증명하는 자리다.

전화 한 통의 용기로 합격을 거머쥐었던 그날 이후, 나는 어떤 시험장에서도 주저하지 않게 되었다. 스펙이 부족해서, 혹은 나에게 불리한 상황이라서 포기하고 싶은 순간이 온다면 스스로에게 물어보라. 당신은 그 문을 부서질 듯 두드려 본 적이 있는가? 전국을 돌며 내가 얻은 진짜 자산은 합격 통지서가 아니라, 어떤 악조건 속에서도 "한 번만 기회를 주십시오."라고 말할 수 있는 뻔뻔한 간절함이었다. 그리고 그 간절함은 훗날 내가 어떤 무대에 서더라도 흔들리지 않게 지탱해 주는 든든한 뿌리가 되었다.

수없이 떨어지면서 나는 스스로 서류형 인간이 아니라는 것, 종이 위에서는 약하지만 사람 앞에서는 살아난다는 것, 직접 마주할 때 설득력이 생긴다는 것을 알게 되었다. 시험장은 단순히 나를 탈락시킨 곳이 아니라, 나를 이해하게 만든 공간이었다. 지금 생방송 현장에서, 그리고 강의실에서 흔들리지 않고 말할 수 있는 이유도 그 시간 덕분이다. 전국 방송사 시험장은 합격의 기록으

 마이크 앞에 서고 싶은 당신에게

로 남지 않았지만, 나를 지금의 자리로 이끈 가장 훌륭한 훈련장이었다. 무수히 많은 탈락의 고배를 마시며, 나를 더 단단히 만들어 갔다.

삼성 간부가 된 아나운서

내가 열 살, 초등학교 방송반 시절부터 꿈꾸었던 직업은 아나운서였다. 그리고 처음 '김 아나운서님'이라고 불리게 된 곳은 삼성의 사내 방송이었다. K.M.S사의 방송사 아나운서는 아니었지만 우리나라를 대표하는 대기업 삼성의 사내 방송 아나운서가 되었다. 지방대 출신이 삼성 직원이 된다는 사실은 그 자체로도 누군가에게는 설명이 필요한 일이었다. 학벌도, 화려한 스펙도 아닌 오직 '내가 해 온 일'과 '쌓아 온 전문성'으로 가능했던 특채였다.

아나운서를 꿈꾸는 많은 이들의 최종 목표는 방송사 아나운서일 것이다. 사내 방송 아나운서는 그 대안쯤으로

  1장 아나운서의 시작과 성장

여겨진다. 삼성 아나운서가 된 나 역시 그랬다. 핑계를 만들어 연차를 내고 방송사 시험을 꾸준히 보러 다녔다. 그런데 방송사 최종 면접에서 늘 같은 질문을 받았다.

"왜 삼성을 그만두고 여기에 오려고 하나요? 삼성에 있는 게 더 좋지 않나요?"

그때는 그 질문이 참 야속했다. 하지만 지금은 면접관들의 그 뜻을 충분히 이해한다. 어쩌면 삼성이라는 든든한 배경을 가진 내가 방송사에서는 간절함이 없는 지원자로 보였을지도 모르겠다. 지금 돌이켜 보면, 방송사 아나운서가 진심으로 절실했다면 삼성이라는 화려한 명함을 숨기고 도전해야 했던 건 아닐까 하는 생각마저 든다. 하지만 확신할 수 있는 건 이것이다. 방송사 아나운서와 대기업의 사내 방송 아나운서는 우열의 문제가 아니라 역할과 가치의 방향이 다른 자리라는 점. 방송사가 불특정 다수를 향해 말하는 곳이라면, 사내 방송은 한 조직의 구성원 전체를 향해 말하는 곳이다. 방송사의 화려한 조명, 수많은 카메라, 대중의 주목은 없지만, 기업이라는 조직 안에서 방송 외의 더 많은 사회적 스킬을 배

 마이크 앞에 서고 싶은 당신에게

울 수 있었다. 프리랜서로 활동하고 있는 지금의 나에게 삼성에서 몸에 익힌 조직문화와 업무 방식은 아주 큰 기반이 되고 있다.

삼성 시스템이 만든 실무의 힘

나는 삼성 사내 방송 아나운서로, 삼성의 구성원으로 14년을 몸담았다. 사내 방송 아나운서는 단순히 정보를 전달하는 사람이 아니다. 회사의 방향과 메시지를 구성원에게 정확히 전달하는 역할이다. 말 한마디가 조직의 분위기를 바꾸고, 때로는 구성원의 사기를 좌우하기도 한다. 그래서 사내 방송 아나운서에게 필요한 것은 '잘 말하는 능력'보다 '맥락을 이해하고 비전을 전달하는 힘'이었다.

사내 방송의 가장 큰 장점은 전문성의 축적이다. 방송사에서는 프로그램이 바뀌어도 아나운서의 역할이 중심이지만, 사내 방송에서는 방송 전반을 두루 경험한다. 아나운서이기 전에 PD이자 작가의 역할까지 겸해야 했다. 그 과정에서 자연스럽게 기획과 글쓰기 역량이 쌓였고, 이는 현재 홍보 영상과 방송 원고를 쓰는 자양분이 되었다. 촬영과 편집을 직접 전담하진 않았지만 팀원들과 부대끼며 어깨너머로 배운 제작의 흐름은 몸에 고스란히 남았다. 덕분에 지금 혼자 유튜브를 제작하면서도 "영상 감이 좋다"는 말을 듣는 것은 우연이 아닐 것이다. 특히 제작 시스템 전체를 이해하고 조율하던 PD의 시선은 행사 현장의 맥을 읽는 데에도 큰 힘이 되고 있다. 화려함은 덜했을지 모르지만 지속 가능성은 훨씬 커진 선택이었다.

시간이 지날수록 기업에 대한 이해도 깊어졌다. 회사의 사업 구조를 이해하고, 조직의 언어를 익히며, 구성원이 어떤 메시지에 반응하는지를 몸으로 배웠다. 이 경험은 단순한 방송 기술을 넘어, 팀워크와 커뮤니케이션 전문가로서의 중요한 자산이 되었다.

방송사 면접에서 늘 받던 질문의 핵심은 결국 고용 안정성이었을 것이다. 방송사 아나운서는 늘 경쟁 속에 있고, 특히 지방 방송사의 경우 1~2년 단위로 다음 자리를 고민해야 한다. 반면 사내 방송 아나운서였던 나는 스스

마이크 앞에 서고 싶은 당신에게

로 선택해 나왔을 뿐, 밀려날 이유는 없었다. 연봉 역시 뒤지지 않았다.

무엇보다 사내 방송 아나운서는 외모나 스펙보다 조직 안에서 어우러지는 태도가 먼저 평가된다. 이미 뛰어난 학력과 이력을 가진 사람은 조직 안에 충분하다. 그래서 특채에서 더 중요하게 보는 것은 기본적인 방송 자질, 책임감, 협업 능력, 그리고 인성이다. '이 조직문화 속에서 함께 일할 수 있는 사람인가, 일을 믿고 맡길 수 있는 사람인가'가 핵심 기준이 된다.

많은 아나운서가 소속을 떠나 프리랜서의 길로 들어설 때 막연한 불안을 느끼곤 한다. 나 역시 그랬다. 돌이켜 생각해 보면 할 수 있다는 힘을 준 것의 원동력 또한 삼성에 있었다. 성과 중심의 조직에서 '어떻게 결과를 낼 것인가'를 끊임없이 고민했고, 팀워크의 중요성과 상사의 의중을 읽는 법, 결과물로 자신을 증명하는 방식을 배웠다. 그 시간 덕분에 단순히 마이크 앞에 선 사람이 아니라, 흐름을 읽고 성과를 내는 전략적 기업가 정신이 몸에 밴 것이다.

     1장 아나운서의 시작과 성장

방송 업무를 넘어 대기업 시스템에서 배운 가장 강력한 기술은 '보고서 작성'이다. 상사가 궁금해할 모든 핵심을 단 한 장에 담아내야 하는 삼성의 보고 문화는 혹독했다. 수십 번의 수정 끝에 결재를 받는 과정은 고통스러웠지만, 그 경험은 나에게 '핵심을 꿰뚫는 요약력'이라는 강력한 무기를 남겼다.

신입사원 시절, 내가 처음 작성한 보고서는 지금 생각해도 민망하다. 논점은 흐릿했고, 핵심은 보이지 않았으며, 보고서라기보다는 메모에 가까운 수준이었다. 상사는 화를 내기는커녕 어이가 없다는 듯 웃으며 문장 하나, 구조 하나를 짚어 가며 직접 고쳐 주었다. 그때의 나는 '보고서란 이런 형식인가 보다'라는 막연한 감각만을 남긴 채 자리에 돌아왔다. 그로부터 10여 년이 흐른 뒤, 내가 작성한 단 한 장의 보고서는 부서원들에게 공유되는 '우수 보고서 사례'가 되었다. 불필요한 설명은 덜어내고, 결정권자가 궁금해할 핵심만 남긴 구성은 '이렇게 정리하면 된다'는 기준이 되었다. 아무것도 몰랐던 신입 시절의 보고서와 조직의 본보기가 된 한 장의 보고서 사

 마이크 앞에 서고 싶은 당신에게

이에는 재능이 아니라 훈련의 시간이 있었다. 수십 번의 수정, 수없이 되돌아온 피드백, '읽는 사람의 입장에서 다시 쓰는 연습'이 보고서를 바꿨고, 결국 나를 바꾸었다. 이때 체득한 기획력은 지금 프리랜서로서 제안서와 기획서를 보낼 때 나를 확실히 돋보이게 만들어 주고 있다고 믿는다.

이 모든 경험은 '일머리가 좋다'라는 브랜드의 신뢰로 이어졌다. 현장에서 "일을 정말 잘 파악한다", "하나를 말하면 열을 이해한다"는 말을 듣게 된 이유였다. 14년간 조직의 의사결정 구조와 팀워크 속에서 쌓아 온 내공 덕분에, 행사 제목과 취지만 들어도 기획자가 원하는 진짜 목적을 빠르게 읽어 낼 수 있게 되었다. 이 조직 적응력은 단순한 고용 관계를 넘어 깊은 파트너십으로 이어지는 결정적 힘이 되었다.

삼성 하면 가장 먼저 떠오르는 가치는 '품질'이다. 사소한 오타 하나가 기업의 신뢰를 흔들 수 있다는 긴장감 속에서 일했다. 작은 실수도 허용되지 않던 환경에서 배운 디테일과 집요함은 지금의 나를 지탱하는 뿌리가 되

　　1장　아나운서의 시작과 성장

었다. 프리랜서 시장에서 나 자신은 곧 브랜드이자 상품이다. 삼성에서 단련된 무결점에 가까운 실무 감각은 나를 가장 신뢰할 수 있는 선택지로 만들어 주었다.

삼성은 나를 '목소리 좋은 아나운서'가 아니라, 어떤 조직에서도 제 몫을 해내는 단단한 사회인으로 키워 냈다. 그래서 아나운서를 꿈꾸는 이들에게 꼭 말하고 싶다. 아나운서의 무대를 방송국이라는 담장 안에만 가두지 말라고. 세상에는 뉴스 데스크보다 훨씬 넓고 다양한 무대가 있다. 당신의 목소리가 필요한 곳은 생각보다 훨씬 많다. 당신의 무대 역시, 지금 상상하는 것보다 훨씬 넓다.

달라진 아나운서의 세계

내가 아나운서를 꿈꾸던 시절 아나운서의 자리는 매우 좁았다. 아나운서를 양성하는 곳도 방송사 아카데미가 전부였고 그 문을 통과하는 일은 대학입시만큼이나 어려

     마이크 앞에 서고 싶은 당신에게

웠다. 아카데미에 합격했다는 사실만으로도 이미 아나운서가 된 것 같은 기분이 들던 때였다.

그때는 아나운서가 되려면 갈 곳이 방송국뿐이었다. 방송국에 들어가지 못하면 꿈은 끝난 것처럼 느껴졌고, 그나마 대안이라 할 만한 선택지는 기업의 사내 방송 정도였다. 그래서 같은 꿈을 꾸던 우리는 모두 같은 곳을 바라봤다. 같은 시험장을 돌며 자주 마주치다 친구가 되었고, 같은 꿈 앞에서 누군가는 웃고 누군가는 눈물을 삼켜야 했다. 떨어진 사람은 '재능이 없어서'라기보다, 어쩌면 '자리가 없어서' 물러나야 했다. 물론 지상파 방송국은 그때나 지금이나 좁은 문이지만 이제는 시선을 조금만 돌리면 내가 하고 싶은 방송을 할 수 있는 곳은 무궁무진하다.

1인 브랜드가 되어야 살아남는다

그때 내가 바라보던 무대는 너무 좁았다. 요즘 아나운서의 세계는 방송국 담장을 훌쩍 넘어섰다. 지상파가 아니어도, 정해진 스튜디오가 아니어도 말할 수 있는 자리

　　　　　　　　1장　아나운서의 시작과 성장

는 얼마든지 있다. 아나운서 학원도 이제는 선택해서 다닐 수 있을 만큼 많아졌고, 아나운서로 일할 수 있는 매체 역시 다양해졌다. 정형화된 틀 안에서만 말하던 시대를 지나, 지금은 개성과 해석이 조금은 허용되는 시대가 되었다. 홈쇼핑과 라이브커머스에서는 정제된 발음보다 소통과 신뢰가 더 중요해졌다. 카메라 앞에서 흔들리지 않는 태도, 순간의 변수에도 말을 이어 가는 감각은 아나운서에게 익숙한 영역이다. 특히 라이브커머스는 신뢰를 팔며 매출로 증명하는 스피치의 힘을 보여 주며 지금 가장 빠르게 무대가 넓어지고 있는 분야로 전성시대를 맞았다.

유튜브와 개인 채널은 또 다른 세계다. 과거에는 방송국이 나를 선택해야 말할 수 있었지만, 지금은 내가 나를 선택하면 된다. 아나운서라는 이름으로, 내가 가장 잘할 수 있는 주제로 나만의 무대를 만들 수 있는 시대다. 유튜브를 통해 유명해진 후 방송으로 이어지고 안정적인 수입까지 보장되는 시대 아닌가? '정답 같은 아나운서'보다 '자기만의 색을 가진 아나운서'가 필요한 시기

　　　　　　　　　　　마이크 앞에 서고 싶은 당신에게

가 온 것이다.

하지만 무대가 넓어진 만큼, 빼앗기는 영역도 분명히 생겼다. 몇 년 전까지만 해도 내가 맡던 단순 내레이션 녹음은 이제 AI 아나운서의 몫이 되었다. 한 지자체 시정 뉴스 아나운서로 참여하던 자리 역시 AI로 대체되었다. 정확한 발음으로 일정한 톤을 유지하며 대본을 읽는 일은 이미 AI가 더 잘하는 영역이 되었다. 이제 앵무새처럼 읽는 아나운서, 예쁜 얼굴로 생글생글 웃으며 정해진 문장을 전달하는 아나운서는 설 자리를 잃었다. 대신 현장을 읽고, 흐름을 이끌고, 예상치 못한 변수 앞에서 판단하고 대응할 수 있는 사람이 필요해졌다. 전달자가 아니라 소통자, 기능이 아니라 인간미로 승부해야 하는 시대다.

그래서 지금의 아나운서는 말을 전하는 사람이 아니라, 맥락을 읽고 분위기를 조율하며 사람과 사람 사이를 잇는 커뮤니케이터에 가깝다. 돌아보면 아나운서라는 직업은 사라진 적이 없다. 다만 형태를 바꾸며 확장되어 왔을 뿐이다. 앞으로는 더 그럴 것이다. AI와 가상

     1장 아나운서의 시작과 성장

공간이 늘어나고, 교육과 정보 전달이 온라인으로 이동해도 사람의 말을 완전히 대신할 수는 없다. 사람의 온기와 판단, 책임이 담긴 목소리는 오히려 더 귀해질 것이다.

지금은 어느 방송사 소속 아나운서인지는 중요하지 않다. 나만의 브랜드로 대체 불가능한 존재가 되어야 한다. 나만의 주특기 분야를 찾아 독보적인 전문가가 되어야 AI를 이기는 아나운서로 오래 생존할 수 있을 것이다.

과거 아나운서 vs 현재 아나운서

	과거	현재
가치	방송국 권위, 표준어	개인 매력, 공감대
주무대	지상파 TV, 라디오	유튜브, 라이브커머스, SNS, 오프라인 행사
소통 방식	일방향적 정보 전달	쌍방향 실시간 소통 및 커뮤니티 형성
수익 구조	월급 및 고정 출연료	섭외, 콘텐츠 수익, 광고 등

미디어의 지각변동은 이미 시작되었고, 아나운서의 정의는 다시 쓰이고 있다. 과거에는 방송국이라는 좁은 문을 통과하기 위해 모두가 똑같은 '표준형 아나운서'가 되려고 애썼다. 하지만 지금은 다르다. 이제는 '방송사가 뽑아 주기를 기다리는 지망생'이 아니라, '어디서든 내 방송을 시작할 수 있는 준비된 방송인'이 되어야 한다. 만약 당신이 지금 아나운서를 꿈꾸고 있다면, 대신 다음 세 가지를 스스로에게 계속 질문하며 준비해라.

▷ **나만의 고유한 색깔(Content)이 있는가**: 누구든 흉내 낼 수 있는 뉴스 톤이 아닌, 오직 나만이 할 수 있는 이야기와 전문 분야가 있어야 한다.

▷ **어떤 플랫폼에서도 유연한가**: 엄숙한 뉴스 데스크부터 채팅창이 폭주하는 라이브커머스 현장까지, 장소에 따라 카멜레온처럼 변할 수 있는 유연함을 길러야 한다.

▷ **'일머리'가 있는 방송인인가**: 삼성이라는 조직이 나에게 가르쳐 준 것처럼, 방송 스킬 너머의 기획력과 팀워크, 비즈니스 매너를 갖춘 '프로 일꾼'이 되어야 한다.

　　　　　　　　　　1장 아나운서의 시작과 성장

세상은 더 이상 완벽한 인형을 원하지 않는다. 부족하더라도 진실하고, 화려하기보다 단단하며, 무엇보다 '함께 일하고 싶은 사람'을 원한다.

　　　　　　　　　마이크 앞에 서고 싶은 당신에게

아나운서 합격,
실전 노하우 방출

메라비언의 법칙을 활용하라

스피치 공부를 조금이라도 했다면 '또 이 얘기야?' 하고 책을 덮고 싶을지도 모르겠다. 너무 익숙해서 고리타분할 수 있지만 그럼에도 스피치에서 이는 기본의 정석이다. 합격과 불합격의 한 끗 차이를 가르는 결정적 열쇠가 바로 이 '뻔한 기본'에 숨어 있기 때문이다. 바로 메라비언의 법칙이다. 결국 고수와 하수를 가르는 지점은 '누가 아느냐'가 아니라, 이 뻔한 기본을 '누가 끝까지 해내느냐'에 있다.

　1장　아나운서의 시작과 성장

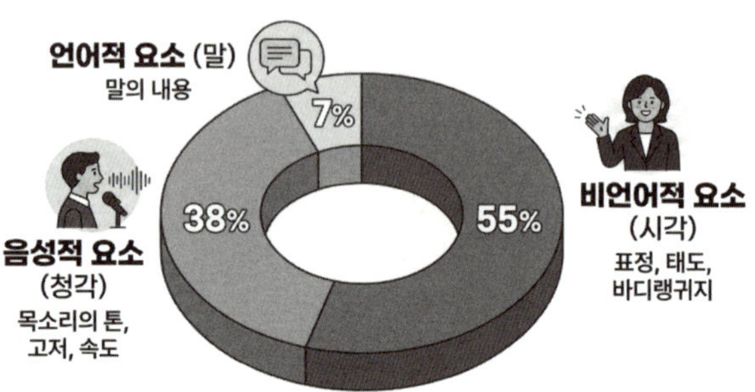

메라비언의 법칙(The Law of Mehrabian)은 메시지 전달에서 내용(7%)보다 시각적 요소(55%)와 청각적 요소(38%)가 압도적인 영향을 미친다는 이론이다. 아나운서 준비생들에게 이 법칙은 '단순히 대본만 잘 읽어서는 안 된다'는 강력한 근거이다.

시각적 요소(55%): 첫인상이 결정되는 3초의 미학

청중(혹은 심사 위원)은 당신이 입을 열기도 전에 이미 당신을 평가한다. 그러니 **비언어적 소통의 훈련**을 해야

　　　　　　　　　　마이크 앞에 서고 싶은 당신에게

한다. 거울을 보고 말하는 연습은 기본이다. 하지만 더 중요한 건 '표정의 근육'을 푸는 것이다. 무표정일 때의 입꼬리, 말을 시작할 때의 눈빛 등 찰나의 시각적 신호를 관리해야 한다. 나아가 **T.P.O에 맞는 브랜딩**이 필요하다. 아나운서 시험에 걸맞는 의상과 헤어를 준비해야 한다. 마지막으로 **시선 처리의 기술**을 길러야 한다. 카메라 렌즈를 사람의 눈처럼 바라보는 연습을 하면 도움이 된다. 렌즈 너머의 시청자와 눈을 맞추는 '아이 컨택'이 시각적 신뢰의 80%를 차지한다.

청각적 요소(38%): 귀로 듣는 신뢰의 온도

내용이 아무리 좋아도 목소리가 불안하면 신뢰는 무너진다. 아나운서에게 청각은 '목소리' 그 이상이다. 그러니 **복식호흡을 일상화**해야 한다. 떨리는 현장에서 목소리를 잡아 주는 것은 기술이 아니라 '호흡'이다. 긴 문장을 읽어도 끝까지 힘이 빠지지 않는 단단한 복식호흡을 체득해야 한다. 또한 **말의 '맛'을 살리기 위해 완급 조절**을 해야 한다. 모든 문장을 똑같은 톤으로 읽는 것은

　　　　　1장 아나운서의 시작과 성장

소음과 같다. 중요한 대목에서의 멈춤(Pause), 강조하고 싶은 단어에서의 고저 변화 등을 통해 청각적 리듬감을 만들어야 한다. **녹음과 모니터링**은 필수이다. 내 귀에 들리는 목소리와 남의 귀에 들리는 목소리는 다르다. 매일 자신의 리딩을 녹음하고, 특히 '어미 처리(말끝 흐림)'와 '불필요한 추임새'를 제거하는 냉정한 모니터링이 필요하다.

언어적 요소(7%): 작지만 결정적인 '한 끗'

7%라고 해서 중요하지 않은 것이 아니다. 시각과 청각이 문을 열어 준다면, 결국 사람을 머물게 하는 것은 '내용'이다. 내용 전달에 있어서는 **첫 문장과 마지막 문장에 힘을 주는 연습**을 해라. 시작의 10초와 끝의 10초가 중요하다. 핵심 메시지를 가장 먼저 던지고, 여운이 남는 마무리를 준비하는 습관이 필요하다. 예시 질문과 답변을 준비해 두면 자신감과 함께 긴장도 줄어들 수 있다.

긴장 조절과 컨디션 관리

많은 지원자가 시험 직전 원고의 내용을 외우는 데 급급하다. 하지만 정작 중요한 것은 당신의 목소리가 나올 통로를 열어 두는 것이다. 꽉 막힌 수도관에서 맑은 물이 나올 수 없듯, 굳어 버린 얼굴과 혀로는 당신의 진심을 전할 수 없다. 대기실에서의 5분, 얼굴 근육을 움직이는 것이 당신을 합격으로 이끄는 가장 프로다운 준비이다. 그러니 시험 전 몸과 얼굴의 근육을 이완시켜야 한다. 아래 제시된 이미지와 연습 원고를 통해 연습해 보길 바란다.

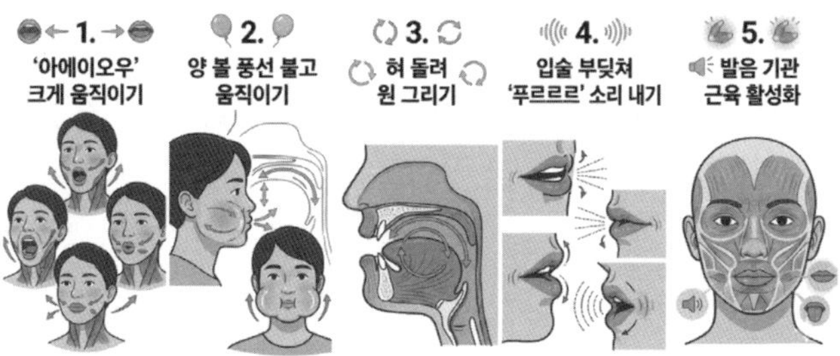

발음 연습 이미지

 1장 아나운서의 시작과 성장

연습 원고

- 입술: 마바파, 마바파, 마바파 (또박또박한 발음)

- 턱: 타나다, 타나다, 타나다 (풍부한 성량)

- 혀: 라리루, 라리루, 라리루 (혀 꼬임 방지)

- 코: 홍콩송, 홍콩송, 홍콩송 (공명감 있는 목소리)

리딩 능력 훈련

어려운 발음을 정확하게 훈련해 두면 실제 원고 리딩 시 안정적이다. 이중모음은 발음이 흐려지기 쉬우므로 의식하여 반복 훈련이 필요하다. 또한 받침이 연속되는 단어는 발음이 꼬이기 쉬우므로 입과 혀의 반응 속도를 충분히 풀어 줘야 한다.

- 신진 샹송가수의 신춘 샹송쇼우

- 한양 양장점 옆 한영 양장점

- 우리 집 옆집 앞집 뒷창살은 홑겹창살이고, 우리 집 뒷집 앞집 옆창살은 겹홑창살이다.

연습 원고

전국 고속도로 휴게소 별미 메뉴 리스트가 발표됐습니다. 지역별로는 안흥 팥찐빵, 청송 콩참떡, 영양 왕밤빵이 있으며 통팥 두텁떡, 호박 범벅떡, 앙금 통팥빵, 잣살 알심떡도 지역과 상관없이 사랑받았습니다.

시월부터는 붉은팥 팥죽과 햇콩 단콩 콩죽, 그리고 가을 과일을 넣은 왕밤빵, 단팥빵 찐빵, 된장 장국죽, 짱뚱어 찜탕, 게살 샥스핀, 쏭땀 똠냥꿍도 출시 예정입니다.[1]

---

1 MBC 드라마 〈질투의 화신〉 카메라 테스트 원고.

숫자 장단음 훈련

실제 시험 원고에는 숫자가 자주 등장한다. 의도적인 사고 유발 구간으로 쓰이며 순간 판단과 변환 능력을 검증하는 장치이다. (장음: 2, 4, 5, 만 / 두, 세, 네, 쉰)

연습 원고

이번 조사 결과, 지난 한 해 동안 해당 지역을 찾은 관광객은 총 236만(이:백삼십육만)명으로 집계됐습니다.

연령대별로 살펴보면, 두(두:) 명 중 한 명은 50대(오:십대) 이상의 장년층이었으며, 가족 단위 방문객 사이에서는 보통 세(세:) 명에서 네(네:) 명 규모의 소가족 형태가 가장 많았습니다.

지자체는 관광객 236만(이:백삼십육만) 명 시대를 맞아, 남은 두(두:) 달 동안 편의 시설을 대폭 확충하겠다고 밝혔습니다.

리딩 리듬 설계

리듬은 방송사 메인뉴스 앵커들을 유심히 관찰하고 따라 하다 보면 감이 잡힐 것이다.

▷ 키워드 중심 강조: **핵심 단어**를 찾아 강조하여 읽는다.
오늘 정부는 **부동산 대책**을 발표하며 **실수요자 보호**에 방점을 찍었습니다.

▷ 톤의 고저: 정보의 중요도를 구분해 준다. 중요 정보의 톤을 살짝 올려 준다.
이번 사고로 **3명이 부상을 입었고**, 현재 정확한 사고 원인을 **조사 중입니다.**

▷ 속도 변화: 핵심 정보/숫자/고유명사는 천천히, 연결 문장은 빨리 읽는다.
사고는 오늘 오전 **9시 30분쯤**, 서울 강남의 한 교차로에서 발생했습니다.

연습 원고(리딩 리듬 평가용)

오늘 정부는 부동산 시장의 안정을 목표로 한 새로운 대책을 발표했습니다.

이번 대책은 실수요자 보호를 핵심으로, 청년과 신혼부부를 위한 금융 지원 방안을 포함하고 있습니다.

또한 수도권 지역을 중심으로 공공주택 공급을 단계적으로 확대해, 주거 부담을 완화하겠다는 계획도 함께 밝혔습니다.

정부는 이번 조치가 중장기적으로 주거 안정에 긍정적인 영향을 미칠 것으로 전망했습니다.

연습 원고(고난도 감점 유도 시험 평가용)

오늘 오전 10시 30분, 정부는 서울과 경기 일부 지역을 포함한 총 12개 지자체를 대상으로 부동산 시장 안정화 대책을 발표했습니다.

마이크 앞에 서고 싶은 당신에게

이번 대책에 따르면 전용면적 59제곱미터 이하 주택을 기준으로, 연 소득 7천만 원 이하 신혼부부와 2030 청년층을 대상으로 한 금융 지원 비율이 기존 40퍼센트에서 55퍼센트로 상향 조정됩니다.

또한 2026년까지 수도권에 18만 5천 가구의 공공주택을 순차적으로 공급해, 중장기적인 주거 불안을 완화하겠다는 계획도 함께 제시됐습니다.

정부는 이번 조치가 단기적인 시장 과열을 진정시키는 동시에, 실수요자 중심의 구조 개편에 기여할 것으로 전망했습니다.

원고 분석

숫자 처리 능력

"10시 30분 / 12개 / 59 / 7천 / 2030 / 40 / 55 / 2026 / 18만 5천"

→ 장·단음, 단위 전환, 숫자 나열 시 속도 유지 실패 여부

리듬 붕괴 구간

"연 소득 7천만 원 이하 신혼부부와 / 2030 청년층을
대상으로 한"

→ 한 호흡에 밀어 읽으면 호흡 붕괴 + 의미 손실

톤 과잉 구간

"상향 조정됩니다 / 순차적으로 공급해"

→ 불필요한 강조 시 설명문 리딩처럼 들림

문장 끝 처리

"발표했습니다 / 조정됩니다 / 제시됐습니다 / 전망
했습니다"

→ 끝을 올리면 리포트 톤, 내리면 뉴스 톤

     마이크 앞에 서고 싶은 당신에게

표준 발음 체계화
– 사투리 교정 연습 팁

표준 발음 체계화를 위해선 사투리 교정이 필요하다. 교정 방법은 첫째, **시각화**하는 것이다. 원고 위에 직선을 긋고, 내 목소리가 그 선을 벗어나지 않는다고 상상하며 읽는다. 둘째, **끊어 읽는 부분에 표시**를 한다. 표시를 활용해 호흡을 조절하면 억양이 튀는 것을 막을 수 있다. 셋째, **무음 모니터링**을 한다. 거울을 보며 입 모양만 봤을 때, 입을 위아래로 충분히 벌리지 않고 옆으로만 씹듯이 말하고 있다면 사투리 억양이 섞이기 쉽다.

연습 원고

1. 의문문 끝처리(어미 내리기)

- **주의**: "드시나요?↗", "생각하십니까?↗"처럼 끝을 노래하듯 올리는 것은 전형적인 사투리 억양입니다.

　　　　　　　　　　1장　아나운서의 시작과 성장

- **대책**: 끝 음을 올리지 말고, 물음표 바로 앞 글자까지만 평탄하게 유지하다가 끝만 살짝 '궁금함'을 담아 마무리 하세요. (계단식으로 올라가면 안 됩니다.)
- **연습 문장**: 이번 주말, 가족들과 함께 가까운 교외로 나들이를 떠나 보시는 건 **어떨까요?**

2. 문장의 첫머리(낮게 시작하기)

- **주의**: "여러분은", "최근", "하지만"의 첫 글자를 강하게 높여 읽으면 사투리 느낌이 확 살아납니다.
- **대책**: 첫 글자를 낮은음(Low Tone)으로 툭 던지듯 시작하세요. 표준어는 첫 음이 낮고 부드럽습니다.
- **연습 문장**: 특히 이번 대책은 소상공인의 임대료 부담을 줄이는 데 실질적인 도움이 될 전망입니다.

3. '의' 발음의 유연성

- **주의**: '의' 발음이 단어의 중간이나 끝에 올 때(경제의, 핵심 과제의)에서 사투리 억양이 드러나기 쉽습니다.
- **대책**: '의'는 [에]로 발음하는 것이 훨씬 자연스럽습니다.

마이크 앞에 서고 싶은 당신에게

- **연습 문장**: 환경 보호의(에) 필요성이 대두되면서, 기업의(에) 친환경 경영 활동이 가속화되고 있습니다.

방송 장르별 실전 대응 시나리오

방송은 장르마다 목적·청중·전달 방식이 명확히 다르다. 따라서 리딩 역시 단순한 읽기가 아니라, 각 장르가 요구하는 감정, 속도, 톤의 위치를 의도적으로 조절하는 작업이 되어야 한다.

뉴스 원고

정확성과 신뢰감이 생명. 목소리 톤과 표정의 안정감이 가장 중요하다. 속도는 일정하게 유지하며 감정을 배제해야 한다. '내가 이해하고 전달한다'는 느낌이 살아야 한다.

인공지능 기술이 우리 삶 깊숙이 파고들면서, 이제 변화의 흐름은 단순 사무직을 넘어 전문직의 영역까지 확산되고 있습니다.

과거에는 고도의 숙련과 경험이 필요하다고 여겨졌던 분야에서도 인공지능의 활용 사례가 빠르게 늘고 있습니다.

기술의 진화가 가져올 편리함과 효율성에 대한 기대가 커지는 한편, 그 이면에는 일자리 구조의 변화와 양극화라는 과제도 함께 떠오르고 있습니다.

일부 직무는 빠르게 대체되는 반면, 인공지능을 활용할 수 있는 역량을 갖춘 인력의 가치는 오히려 더 높아질 것이라는 전망도 나오고 있습니다.

인공지능 시대, 우리는 어떤 선택의 기로에 서 있는 걸까요.

김선영 기자가 보도합니다.

뉴스보다 밝고 유연한 톤, 밝은 표정, 제스처가 중요하다. 뉴스의 전달자보다는 안내자에 가깝다. 부드럽고 속도는 약간 느리게 여백을 준다.

연습 원고

여러분, 혹시 '할매니얼'이라는 단어 들어보셨나요? '할머니'와 '밀레니얼'의 합성어로, 요즘 젊은 세대 사이에서 새롭게 주목받고 있는 트렌드입니다. 화려한 인테리어의 신상 카페보다, 오래된 간판이 걸린 분식집, 손때 묻은 놋그릇과 커다란 가마솥이 있는 시장 골목이 오히려 더 '힙하다'고 느껴진다는 건데요.

투박하지만 정성이 느껴지는 손맛이 SNS를 타고 MZ세대의 감성을 정확히 파고들고 있습니다.

마이크 앞에 서고 싶은 당신에게

이들에게 전통시장은 단순히 물건을 사고파는 공간이 아니라 어릴 적 추억을 상상하게 하는 '경험의 공간'이자 새로운 취향을 발견하는 놀이터가 되고 있습니다.
빠르고 편리한 것보다는 느리지만 사람 냄새 나는 공간을 찾는 흐름이 자연스럽게 이어지고 있는 셈이죠.

세대와 세대를 잇는 이 독특한 취향의 만남은 전통시장에도 새로운 활력을 불어넣고 있습니다.
투박하지만 깊은 손맛이 살아 있는 로컬 마켓의 현장, 그리고 그 속에서 피어나는 새로운 트렌드 이야기.
지금, 함께 가 보시죠.

라디오 오프닝

목소리 자체가 분위기를 만든다. 방송 시간대에 맞는 호흡과 목소리 온도감이 중요하다. 또렷한 발성보다는 편안하고 숨결이 느껴지는 발성이 효과적이며 문장 끝에

　　　　　　　　　1장 아나운서의 시작과 성장

살짝 여운을 남기는 리딩이 감정을 연결해 준다.

연습 원고

유난히 길게 느껴지는 하루가 있죠.

시곗바늘은 좀처럼 앞으로 나아가지 않는 것 같고,

해야 할 일은 산더미처럼 쌓여 있는데 마음은 자꾸만 제자

리를 맴돌 때가 있습니다.

머리는 바쁘게 움직이는데 정작 마음은 따라오지 못할

때, 그럴 땐 스스로를 다그치기보다 잠시 멈춰 서는 용기

도 필요합니다.

퇴근길, 발걸음을 재촉하느라 고개를 숙이고 있었다면 오

늘만큼은 잠깐 시선을 들어 창밖을 한번 바라봐 주세요.

하루의 끝자락, 세상이 천천히 붉게 물드는 노을이 말없

이 오늘을 잘 버텨 냈다고 이야기해 줄지도 모릅니다.

지친 하루의 끝에서 여러분 곁에 조용히 머무는 시간, 퇴

근길의 동반자 〈음악의 온도〉 지금 시작합니다.

마이크 앞에 서고 싶은 당신에게

아나운서 시험 직전 체크리스트

구분	항목	체크	점검 의도
소리	• 첫 문장을 안정적인 저음으로 시작한다.	☐	• 기본 훈련 • 방송 경험
	• 문장 끝을 올리지 않고 내려 마무리한다.	☐	
	• '~합니다', '~입니다'에서 힘을 뺀다.	☐	
	• 말의 속도를 의도적으로 조절할 수 있다.	☐	
호흡과 리듬	• 쉼표마다 호흡 지점을 인식하고 있다.	☐	• 원고 숙지 • 라이브 실력
	• 긴 문장에서도 숨이 들리지 않는다.	☐	
	• 당황해도 호흡부터 회복한다.	☐	
발음	• 받침을 과하게 누르지 않는다.	☐	• 말투, 습관 • 검증 확인 • 발음
	• 숫자, 외래어, 고유명사 발음을 확인한다.	☐	
	• 조사(의/에, 을/를)가 또렷하다.	☐	
	• 이중모음이 정확하다.	☐	

1장 아나운서의 시작과 성장

원고 해석	• 원고의 주제와 결론을 정확히 안다.	☐	• 검증 확인 • 이해도
	• 강조 단어는 2~3개만 표시했다.	☐	
	• 감정을 연기하지 않고 전달한다.	☐	
표정 시선	• 표정이 자연스럽다.	☐	• 방송 경험 • 카메라 공포
	• 문장 전환 시 미세한 표정 변화가 있다.	☐	
	• 카메라를 응시하며 안정감 있게 본다.	☐	
	• 시선이 카메라를 향한다. (고개와 눈동자 한 방향)	☐	
자세 태도	• 어깨, 손, 턱에 불필요한 힘이 없다.	☐	• 불안 긴장
	• 서 있는 자세가 흔들리지 않는다.	☐	
	• '잘해야 한다'보다 '전달한다'에 집중한다.	☐	
시작 직전	• 복식호흡 3회를 실시한다.	☐	• 긴장 완화
	• 첫 문장을 속으로 한번 읽었다.	☐	

마이크 앞에 서고 싶은 당신에게

*

　화려한 외모와 기술은 눈과 귀를 즐겁게 하지만, 시대를 읽는 정직한 목소리와 단단한 책임감은 세상을 바꾼다. 지금, 당신의 마이크는 무엇을 향해 있는가.

2장

"

MC로 먹고사는 기술

"

MC 직업 바로 알기

방송 프로그램이나 각종 행사의 사회자, 진행자를 흔히 'MC'라고 부른다. 방송을 보면 이 역할의 폭이 얼마나 넓은지 알 수 있다. 〈6시 내고향〉은 아나운서가, 〈쇼! 음악중심〉은 아이돌 가수가, 〈유 퀴즈 온 더 블럭〉은 개그맨이, 시사 프로그램은 정치인이, 정보 프로그램은 교수들이 MC를 맡기도 한다. 이처럼 MC는 특정 직업군의 전유물이 아니다. MC는 하나의 직업이라기보다 '역할'에 가깝다.

마이크 앞에 서고 싶은 당신에게

예측 불가능한 수입 구조

내 주변에서 활동하는 MC들 역시 방송 출신 비중이 높기는 하지만, 가수·보험설계사·병원 직원·영업사원·공무원 퇴직자 등 본업이 다양한 사람들이 MC로 무대에 선다. 이들 가운데는 MC를 주업으로 삼는 사람도 있고, 취미나 부업으로 병행하는 사람도 있다. 나 역시 MC를 주업으로 하고 있지만, 강의·작가 등 확장된 일을 함께 해 오고 있다. 이 말은 곧, MC라는 직업이 구조적으로 불안정하다는 사실을 스스로 증명하는 이야기이기도 하다. 그래서 순수하게 MC 일만으로 생계를 유지하는 사람은 현실적으로 거의 없다.

MC 업계에는 '겨울잠'이라는 표현이 있다. 보통 1월부터 3월까지는 일이 급감한다. 여기에 국가적 사건이나 사고가 발생하면 타격은 즉각적이다. 전염병이 돌면 사람이 모일 수 없고, 행사는 전면 취소된다. 코로나19 3년 동안 어떤 일이 벌어졌는지는 모두가 기억하고 있다. 문을 닫은 이벤트 회사, 업종을 바꾼 MC들이 적지 않았다. 나 역시 교사자격증을 활용해 기간제 교사로 버티며 그 시기를 지나왔다. MC로 일한 10여 년을 돌아보면, 아무 일 없이 무사히 지나간 해는 단 한 번도 없었다. 크고 작은 변수로 며칠, 길게는 몇 주씩 일이 끊긴 적이 수차례다. 그래서 MC들 가운데는 기획사를 병행하거나, 이벤트 렌탈·음향·무대 사업 같은 부업을 함께 운영하며 위험을 분산시키는 경우가 많다.

　말을 잘하고 끼가 있거나, 방송 일을 잠시라도 경험한 사람이라면 한 번쯤 MC를 꿈꾼다. 1~2시간 마이크를 잡고 수십만 원을 벌 수 있는, 겉보기에는 가성비 좋은 일처럼 보이기 때문이다. 분명 매력적인 일이다. 그러나 이 일이 '직업'이 되는 순간, 매일의 일상은 불안해진다. 특히 직장인들은 스스로 '쥐꼬리 같은 월급'이라며 한탄하기도 하지만, 적어도 그들의 임금은 호봉이나 물가 상승분을 반영해 매년 조금씩이라도 우상향 곡선을 그린다. 하지만 프리랜서 MC의 세계는 냉혹하리만큼 정체되어 있다. 10년 전이나 지금이나 현장에서 제시하는 진행비는 놀라울 정도로 제자리에 머물러 있는 경우가 허

　　　　　마이크 앞에 서고 싶은 당신에게

다하다.

　강산이 변하는 시간 동안 물가는 치솟았지만, 무대 위 MC의 가치를 매기는 기준은 과거의 어느 지점에 멈춰 버린 듯하다. 이는 단순히 수입의 문제를 넘어, 전문 진행자의 내공과 숙련도가 시장에서 정당하게 평가받지 못하고 있다는 뼈아픈 방증이기도 하다. 이러한 정체의 이면에는 새로운 저가 경쟁의 굴레가 자리 잡고 있다. 해마다 시장에 쏟아져 나오는 신입 MC들이 낮은 단가로 섭외 계약을 맺으며 경력을 시작한다. 이것이 시장의 '표준 가격'으로 오랜 시간 인식되면서, 풍부한 경험과 전문성을 갖춘 베테랑 MC들마저도 정당한 진행비를 요구하기 어려운 구조가 된 것이다. 결국, 이러한 현실 앞에서 많은 이들이 꿈을 포기하고 중도에 시장을 떠나는 안타까운 상황이 발생하고 있다. 하지만 이러한 환경 속에서도 끊임없는 자기 계발과 현장에서 쌓아 올린 독보적인 내공으로 자신의 몸값을 정당하게 인정받으며, 수년간 롱런하는 베테랑 MC들이 존재한다는 사실은 우리 업계에 여전히 희망이 있음을 보여 준다.

　　　　　　　　　　　2장 MC로 먹고사는 기술

체력과 컨디션을 소모하는
현장 중심의 영업직

MC의 화려한 면만 보는 시선도 많다. 하지만 이 일을 하는 사람들 사이에서는 스스로를 '3D 업종 종사자'라고 말한다. 한여름, 한겨울 야외 행사에서 몇 시간을 서서 진행하고 나면 몸이 남아나질 않는다. 성수기에는 링거를 맞아 가며 체력 보충을 하고 인후염과 쉰 목소리를 달고 살기도 한다.

"1시간 일하고 많이 번다"고 생각하기 쉽지만, 그 1시간을 위해 담당자 미팅을 하고, 시나리오를 수정하고, 리허설을 준비해야 한다. 그럼에도 행사가 취소되면 그동안의 준비 시간은 단 1%도 보상받지 못하는 경우가 대부분이다. 행사 후에 정산을 기다리고 기다리다 결국 포기하고 못 받은 페이도 있다. 더구나 다음 섭외를 위해 관계를 유지하는 데 들어가는 시간과 비용 역시 모두 개인의 몫이다. 그래서 MC는 겉으로 보이는 시간보다 보이지 않는 시간이 훨씬 많은, 정확히 말하면 불안정함을 감내해야 가능한 직업이다.

어느 순간에는 내가 MC인지, 영업 사원인지 헷갈릴 때도 있다. MC 일을 하다 보면 종종 그런 생각이 든다. 행사는 한 번으로 끝나지만 사람과의 관계는 그 이후로 이어진다. 그래서 MC는 늘 다음 무대를 위한 영업을 하고 있는 셈이다. 다만 상품을 파는 것이 아니라 나라는 사람, 나의 태도와 일하는 방식을 소개하는 영업이다. 그럼에도 불구하고 나는 왜 MC를 하고 있을까?

첫째, 다시 선택받는 경험이 주는 확실한 보상이다. MC의 평가는 빠르고 분명하다. 한 번의 무대가 끝나면 결과는 다음 섭외로 증명된다. "다음에도 맡아 달라"는 말, "역시는 역시다"는 평가 속에는 단순한 칭찬을 넘어선 신뢰가 담겨 있다. 이 반복되는 선택은 오랜 시간 이 일을 지속하게 만드는 가장 강력한 동력이 된다.

둘째, 매번 다른 사람과 새로운 현장을 만나는 새로움이다. 무대마다 분위기가 다르고, 만나는 사람의 결이 다르다. 그 속에서 긴장과 집중, 예측 불가능한 변수를 감당하며 현장을 완성해 가는 과정은 이 일을 단조롭지 않게 만든다. MC는 늘 새로운 상황 앞에 서는 직업이다.

셋째, 시간 대비 효율이 분명한 수익 구조다. MC의 수입은 겉으로 보이는 진행 시간만으로 평가되지 않는다. 그 시간 안에는 오랜 준비와 경험, 축적된 신뢰가 함께 계산된다. 같은 시간을 투입했을 때 성과가 명확하게 드러난다는 점에서, 이 일은 전문성이 갖춰질수록 효율이 높아진다. 이는 불안정한 구조 속에서도 MC라는 역할을 현실적인 선택지로 남게 만드는 중요한 이유다.

나는 MC를 선택한 것이 아니라, 계속 선택받아 왔기 때문에 이 자리에 지금도 남아 있다. 새로운 현장과 사람을 만나고, 그 시간의 가치가 정당하게 평가받는 일. 그것이 내가 여전히 MC를 하는 이유다.

     마이크 앞에 서고 싶은 당신에게

돋보이는 MC

오프닝이 반이다

MC는 무대의 주인공이 아니다. 그러나 그 무대가 아름답게 빛나도록 가장 앞에서 돕는 사람이다. 그리고 그 실력은 대부분 오프닝 몇 초 안에 판단된다. 오프닝은 MC가 유일하게 온전히 주목받는 시간이다. 이 짧은 순간에 MC의 준비도, 감각도, 실력도 모두 드러난다. 담당자는 이 오프닝을 보고 오늘 행사가 매끄럽게 흘러갈지 이미 가늠한다. 그래서 돋보이는 MC가 되기 위해서는 오프닝에서 자신의 강점을 정확하게 보여 줄 수 있어야 한다.

첫째, 남들과는 달라야 한다. 시나리오를 그대로 읽어 내려가는 오프닝은 누구에게도 기억되지 않는다. 그 순간 MC는 '무난한 사람'으로 분류된다. 돋보이는 오프닝은 현장을 이해하고, 오늘 행사의 취지를 정확히 짚어 주는 것에서 시작된다. 담당자가 전달한 시나리오는 기준일 뿐, 그대로 읽어서 좋은 평가를 받기는 어렵다. 예를 들어 담당자에게 전달받은 삼일절 기념식 시나리오를 행사 취지가 잘 드러나도록 수정 보완해 보자.

시나리오	수정한 시나리오
바쁘신 가운데 오늘 기념식에 참석해 주신 여러분께 진심으로 감사드립니다.	나라를 위해 희생하신 분들의 뜻을 되새기는 오늘, 삼일절 기념식에 함께해 주신 여러분께 깊은 감사의 말씀을 드립니다.
오늘 행사 진행을 맡은 김선영입니다. 함께하게 되어 영광입니다.	역사적인 순간을 함께 기억하는 이 자리에, 마음을 담아 함께 하겠습니다. 진행을 맡은 김선영입니다.
지금부터 삼일절 기념식을 시작하겠습니다.	지금부터 선열들의 숭고한 뜻을 기리며 삼일절 기념식을 엄숙히 시작하겠습니다.

 마이크 앞에 서고 싶은 당신에게

　오프닝은 길어서는 안 된다. 행사 취지의 핵심만 짚어 격을 한 단계 올리는 것, 그것만으로도 MC는 기억에 남는다.

　둘째, 가벼운 행사는 '재미'로 문을 열 수 있다. 행사의 성격이 가볍다면 오프닝에서 웃음과 참여로 주의를 집중시킬 수 있다. 단, 웃기려는 욕심이 앞서면 오히려 역효과가 난다. 어버이날 행사 오프닝에 재미 요소를 살짝 가미해 수정해 보자.

시나리오	수정한 시나리오
바쁘신 가운데 오늘 행사에 참석해 주신 여러분께 진심으로 감사드립니다.	사랑과 감사가 넘치는 어버이날, 어머니, 아버지 모두 건강한 모습으로 함께해 주셔서 고맙습니다.
오늘 행사 진행을 맡은 김선영입니다. 함께하게 되어 영광입니다.	박수가 건강에 좋다고 하죠. 어머니 아버지 얼마나 건강하신지 확인해 볼까요? 오늘 진행을 맡은 김선영입니다. 인사드립니다. (박수 유도) 이 정도 박수면 오늘 오신 분들은 100세 이상 거뜬하시겠습니다. (웃음 유도)

　　　　　　　　　2장 MC로 먹고사는 기술

퀴즈나 간단한 게임도 좋은 방법이다. 다만 현장 분위기에 따라 수위를 조절할 수 있어야 한다. 준비한 것을 그대로 밀어붙였다가 분위기가 어색해지는 경우도 적지 않다. 이때 필요한 것이 바로 MC의 감각이다.

셋째, 질문으로 공감을 만들면 집중은 자연스럽다. 행사 시작 전, 현장은 늘 어수선하다. 사람들은 서로 인사를 나누고, 자리를 옮기고, 대화를 이어 간다. 이때 MC의 역할은 조용히 시키는 것이 아니라 모든 시선을 같은 생각으로 옮겨 주의를 집중시키는 것이다. 이럴 때 가장 자연스러운 방법이 질문이다.

"비 오는 굲은날인데 오시느라 힘들지 않으셨나요?"

"오늘 행운권 1등 경품이 무엇일까요? 냉장고입니다. 경품권 다 챙기셨죠?"

마이크 앞에 서고 싶은 당신에게

질문을 던지면 사람들은 본능적으로 생각을 멈추고 귀를 기울인다. 행사장이 차분해지는 순간을 기다렸다가 자연스럽게 오프닝으로 연결하면 된다. 시작이 반이라고 한다. 기억하자! MC에게는 오프닝이 반이다. MC의 실력을 증명하는 첫 장면이자 가장 중요한 순간이다.

각본 없는 행사, 애드리브가 밥줄

익숙한 곳의 복병, 국민의례 & 시상식

"다음은 국민의례를 하겠습니다. 국기에 대하여 경례!"

객석이 웅성거린다. '왜 그러지? 아차! 세상에! 국기가 없다.' 정말 잊을 수 없는 순간이다. 이건 애드리브로도 해결이 안 된다. 0.1초 만에 머릿속이 하얘진다. 반주는 이미 나오고 있으니, "바로!" 하고 손을 내릴 수도 없다. 국기가 없는데 '국기에 대한 경례'라니. 그날 이후 나는 행사장에 도착하면 제일 먼저 국기부터 확인한다.

     2장 MC로 먹고사는 기술

이 글을 쓰고 있는 오늘도 행사장에서 아찔한 경험을 했다. 국기에 대한 경례 후 당연히 나와야 할 '바로'라는 말이 시나리오에서 증발되면서 내 입에서도 함께 삭제가 된 것이다. '아차!' 싶었을 때는 이미 애국가 반주가 시작되었다. 가슴에 손을 얹은 채 나를 바라보는 수백 명의 눈동자, 그리고 찰나의 술렁임. MC로서 가장 견디기 힘든 시간이었다. 행사가 끝나고 "원숭이도 나무에서 떨어질 날이 있네요."라는 농담 섞인 위로를 들었을 때, 나는 정말이지 나무 아래로 추락한 원숭이가 된 기분이었다. 뼈아픈 오늘의 실수를 기록하며 중요한 원칙을 다시 새긴다. 익숙할수록 의심하고, 당연할수록 확인하라.

국민의례는 대부분의 행사장에서 진행된다. 익숙하고 당연한데 가장 많은 사고가 발생한다. 국민의례 중 바람에 국기가 넘어지고, 화면에 띄워진 국기가 갑자기 사라지고, 경례 음악이 나와야 하는데 다른 음악이 나오는 등 갖가지 사건들이 발생한다. 심지어 트로트 음악이라니! "애국가 1절을 부르겠습니다." 했는데 애국가 반주가 2절까지 이어서 나온 적도 있다. 따라서 늘 똑같은 국민의례지만 반드시 확인해야 한다. 이렇게 준비를 해도 어디서 사고가 터질지 모르는 게 생방송 행사 현장이다. 오늘처럼 말이다. 국민의례의 실수는 수습할 방법이 전무하다. 엄숙한 분위기를 깨고 애드리브를 던질 수도 없으며, 뒤늦은 사과는 오히려 매끄럽지 못한 진행을 자인하는 꼴이 되기 때문이다. 방법이 없기에 더 아찔하고, 돌이킬 수 없기에 더 처절하게 자책하게 되는 순간. 그것이 국민의례가 주는 서늘한 무게감이다.

한번은 이런 일도 있었다.

"수상자 ○○○ 님, 무대로 올라와 주시기 바랍니다."

그런데 수상자가 올라오지 않는다. 한 번, 두 번, 세 번 불러도 보이지 않는다. 시상자는 이미 무대에 올라와 있다. 결국 이렇게 마무리했다.

"수상자께 급한 사정이 생긴 것 같습니다. 시상식 이후 확인하여 전달하겠습니다. 시상자님께서도 자리해 주시기 바랍니다."

이 경험 이후, 나는 아무리 작은 행사라도 반드시 일찍 도착해 리허설을 하고, 담당자와 함께 참석자 여부는

2장 MC로 먹고사는 기술

필수로 확인한다. 행사가 매끄럽지 못하면 그 이유가 무엇이든 평가는 MC에게 돌아온다. 미리 챙기지 못한 실수는 내 탓이 아니라고 떠넘길 수 있는 책임이 아니다.

MC가 떠안게 되는 갑작스러운 역할

"MC님, 오늘 연주곡이 12곡인데 공연시간만 50분 정도 될 것 같아요. 전체 음악회 시간이 1시간 반은 되어야 할 것 같은데 한 곡 끝날 때마다 MC님이 계속 나와서 시간을 끌어 주세요."

그 말을 듣는 순간, 머릿속에서 바로 계산이 돌아갔다. 연주 50분, 전체 90분. 부족한 40분을 MC 혼자 채워야 한다는 뜻이었다. 12곡 사이사이에 계속 무대에 오르면 최소 열 번 이상, 그때마다 약 4분씩 관객을 붙잡아야 했다. 보통 음악회는 다르다. 오프닝 멘트 후 2~3곡씩 묶어 곡을 소개하고 클로징. MC의 등장은 많아야 다섯 번 남짓이고 멘트 역시 미리 짜인 시나리오 안에서 안정적으로 흘러간다.

그런데 이 경우는 달랐다. 이건 진행이 아니라 거의

     마이크 앞에 서고 싶은 당신에게

MC 단독 토크 콘서트에 가까운 요구였다. 현장에서 그 이야기를 전해 듣는 순간, 솔직히 앞이 깜깜해졌다. 이런 돌발 상황은 생각보다 자주 벌어진다. 1부 의전 진행을 맡았는데 2부 여흥 행사까지 부탁받는 경우, 노래자랑 대회 사회를 갔다가 체육대회 진행까지 떠안게 되는 경우도 있다. 그렇다고 "그건 제 역할이 아닙니다."라고 행사 직전에 돌아서 나올 수도 없는 노릇이다. 그래서 나는 행사가 있는 날이면 반드시 시작 1~2시간 전에는 현장에 도착한다. 그 시간은 대기 시간이 아니라, 예상치 못한 요구에 대비하기 위한 생존 시간이기도 하다.

이날도 마찬가지였다. 급히 머리를 굴려 준비했다. 최근 이슈 정리, 연주곡에 얽힌 배경 이야기, 간단한 음악 퀴즈, 단체와 개인 멤버 소개, 악기 설명과 관객 반응을 끌어낼 질문까지. 현장에서만 열 가지가 넘는 이야기 소재를 끌어모아 부족한 시간을 하나씩 채워 나갔다. 멘트를 이어 가며 한편으로는 이런 걱정도 들었다.

'관객들이 MC가 왜 저렇게 말이 많나 싶진 않을까?'

'자기 콘서트인 줄 안다고 욕하진 않을까?'

     2장 MC로 먹고사는 기술

하지만 중요한 건, 그 자리가 MC를 드러내는 무대가 아니라 행사를 완주시키는 무대라는 사실이었다. 억지스러운 요구처럼 보일지라도 그 상황을 무너뜨리지 않고 자연스럽게 이어 갔을 때, 그다음 일이 다시 나에게 돌아온다는 것도 경험으로 알고 있었다.

애드리브의 본질은 준비다

MC의 애드리브는 순간의 말재주나 타고난 센스에서 나오지 않는다. 버틸 수 있을 만큼의 사전 준비, 상황을 읽을 수 있는 여유 시간, 그리고 돌발 요청을 감당할 수 있는 축적된 소재에서 나온다. 그래서 나는 믿는다. 힘든 애드리브가 필요한 순간일수록 그날의 성패는 무대 위가 아니라 무대에 오르기 전, 얼마나 준비할 시간을 확보했는가에서 이미 결정된다는 것을.

결국 문제가 발생하면 행사 중 책임지는 사람은 무대 뒤의 담당자가 아닌, 무대 위에 있는 MC다. '내가 잘못한 게 아니니까 내 책임은 아니다.' 그렇게 생각하는 순간, 다음 행사에 다시 섭외될 확률은 0에 가깝다. 행사

    마이크 앞에 서고 싶은 당신에게

는 이렇게 기억된다. 문제가 있었던 행사 = 문제가 있었던 MC. 그래서 MC는 문제가 있어도 아무 문제 없는 것처럼 막아 주고, 사고를 사고처럼 보이지 않게 포장해야 한다. 그게 바로 MC의 밥줄을 쥐고 있는 애드리브 능력이다.

애드리브는 감각적으로 타고난 사람이 있는 반면, 경험이 부족하거나 타고나지 않았다면 미리 공부하고 준비하는 철저함이 있어야 한다. 더불어 실전에서 그런 위태로운 상황을 겪고 싶지 않다면 처음부터 '나는 이 행사의 총감독이다'라는 마음으로 예상치 않은 상황을 사전에 방지하기 위해 함께 챙기고 준비해야 한다.

행사 중 전기가 나가고, 마이크가 꺼지고, 음향이 제대로 나오지 않는 일은 흔하다. 가수 도착이 늦어 "시간 좀 끌어 주세요."라는 요청도 다반사다. 특히 생방송 행사는 시나리오대로 흘러가는 경우가 거의 없다. 리허설 때 멀쩡하던 마이크가 갑자기 먹통이 되고, 바람에 현수막이 떨어지고, LED 전광판이 무너져 안전사고 위험까지 생긴다. 만약 시나리오대로만 흘러간다면 굳이 비

     2장 MC로 먹고사는 기술

싼 비용을 들여 전문 MC를 부를 이유는 없다. 시나리오 작성자가 진행하면 가장 완벽할 것이다. 그럼에도 전문 MC를 부르는 이유는 하나다. 시나리오대로 흘러가지 않아도 자연스럽게 수습해 줄 사람이 필요하기 때문이다.

위기 상황 대처법

지난 10년간 무대에서는 별의별 상황이 다 벌어졌다. 여러분이라면 위기의 순간, 어떻게 애드리브로 대처할 것인가?

● 사례 1 **이름이 다른 현수막을 발견했을 때**

이취임식 행사. 시나리오에 이임 회장님의 이름이 강'점'숙으로 적혀 있다. 이미 몇 차례 그렇게 호명했다. 그런데 문득 보이는 현수막에는 이름이 강'정'숙으로 되어 있다. 행사는 이미 진행 중이고 무대 근처에 확인할 관계자는 없다.

　　　　　　　　　　　　마이크 앞에 서고 싶은 당신에게

확인될 때까지 이름을 부르지 않는다. '이임 회장님'으로만 호명한다. 이후 정확한 이름을 확인한 뒤 강정숙 이임 회장님으로 정정한다. 굳이 설명하거나 사과하지 않는다. 오히려 공개적인 정정은 행사 사고로 인식된다. 그 이후 시나리오만 전적으로 믿지 않는다. 특히 이름은 별도 내빈 명단, 현수막, 팸플릿 등을 통해 두 번 세 번 다시 확인한다.

● **사례 2 삭제한 내빈이 갑자기 등장했을 때**

불참 통보로 시나리오에서 삭제한 내빈. 행사 도중 담당자가 "아까 그분 오셨어요. 다시 소개해 주세요."라고 말하고 사라진다. 그런데 불참 내빈 이름을 이미 까맣게 지워서 보이지 않는다.

대처법

확실하지 않을 때는 말하지 않는다. 내빈 이름을 추측해 틀리게 말하는 것은 대형 사고다. 내빈 소개를 마무리하며 "혹시 소개되지 않은 분이 계시면 확인 후 다시 안내드리겠습니다."라고 정리한다. 이후 담당자에게 정확한 이름을 확인한 뒤 다음 순서에서 공식적으로 소개한다. 틀리는 것보다 늦는 편이 오히려 낫다. 이 경험 이후, 불참 내빈이라도 이름이 보이게 가볍게 표시해 둔다.

● 사례 3 **곡 소개 중 곡 순서가 틀렸을 때**

음악회 진행 중, "다음 곡은 베토벤 〈운명 교향곡〉입니다." 설명을 이어 가는데 뒤에서 단원들이 웅성거린다. 살짝 돌아보니 이번 연주곡은 〈백조의 호수〉. 〈운명 교향곡〉은 다음 순서다.

마이크 앞에 서고 싶은 당신에게

이미 잘못된 정보가 전달된 상태. 관객도 이상함을 느낀 상황이다. 나는 이렇게 말했다. "여러분, 다음 곡을 들으시고 제가 설명한 내용과 다른 점을 찾으신 분께 선물을 드리겠습니다." 연주가 끝난 뒤 "정답입니다. 방금 곡은 〈백조의 호수〉였습니다. 다음 곡, 이제 미리 설명해 드린 〈운명 교향곡〉을 감상하시겠습니다." 실수를 굳이 드러내지 않으면서도 음악회의 흐름을 자연스럽게 이어 간 순간적인 대처였다. 등줄기를 타고 식은땀이 한 줄기 흘러내렸다.

● 사례 4 갑작스러운 인터뷰 요청

마지막 가수를 소개하며 행사 종료 인사까지 마치고 내려온 직후였다. "음향에 문제가 생겼어요. 바로 올라가서 가수 인터뷰로 시간 좀 끌어 주세요." 늦은 밤, 빠른 퇴근을 위해 이미 옷과 구두까지 갈아 신은 상태에서 생각할 틈도 없이 다시 무대에 올랐다. 급한 마음에 이렇게 말하고 말았다.

"퇴근 준비를 하다가 스태프가 갑자기 올라가 달라고 부탁해서 올라왔습니다."

인터뷰는 무난하게 이어졌고 행사는 잘 마무리됐다. 여기서 잘못한 점을 알겠는가? 그 한마디는 큰 실수였다. MC인 내가 무대 위에서 스태프, 더 정확히는 나를 섭외해 준 음향 업체의 실수를 그대로 드러낸 것이었다. 다음 날 해당 업체 실장님이 조용히 이야기를 꺼냈다. 앞으로도 함께 일할 사이이니 짚고 넘어가자는 말이었다. 부끄럽고 미안해서 눈물이 날 것 같았다. 동시에 솔직하게 말해 준 그 마음에 감사했다. 다행히 지금도 그 업체와 함께 일하고 있고 그날 이후 더 신경 쓰며 관계를 쌓고 있다.

     마이크 앞에 서고 싶은 당신에게

"○○ 가수님, 제가 퇴근하려고 옷도 갈아입고 신발도 갈아 신었는데 아무래도 잘생긴 가수님 얼굴을 가까이에서 한 번 더 보고 싶어서 무대에 다시 올라왔어요. 여러분! 가까이에서 자세히 보니 진짜 진짜 잘생겼어요."

이 멘트가 왜 무대 내려오면서야 생각이 났을까? 같은 상황 전혀 다른 인상, 문제의 원인을 드러내지 않으면서 분위기를 살릴 수 있는 선택이었는데 말이다. 애드리브는 책임감의 문제이기도 하다. 무대 위에서 한 문장은, 누군가의 실수는 덮고 누군가의 신뢰는 지킨다. 그 차이를 아는 것이, 오래 일하는 MC를 만든다.

참 신기한 일이다. 10년 이상 행사를 해 왔고 별의별 상황을 다 겪었다고 생각한다. 그런데 예상하지 못한 사고는 계속 터진다. 아무리 준비해도 음향 때문에, 내빈 때문에, 관객 때문에, 날씨 때문에 사고는 어떤 형태로든 반드시 발생한다. 오래 가는 MC는 실수를 없애는 사람보다 실수를 실수처럼 보이지 않게 만드는 사람이다. 그 힘이 경험에서 나오고, 판단에서 나오며, 결국 애드리브에서 완성된다.

인성도 실력이다

사소한 인사가 평판을 좌우한다

"MC가 마치고 인사도 안 하고 가더라. 그다음부터는 그 사람 안 불러."

어느 행사장 이벤트 담당자가 인사도 없이 떠난 MC를 두고 한 말이다. 다음 일정이 빠듯해 인사를 못 하고 나갔을 수도 있다. 하지만 행사 끝나자마자 쌩하고 사라진 그 MC는 수많은 MC 리스트 속에서도 쌩하고 사라졌다. MC는 실력만으로 이어지는 일이 아니다. 신뢰로 이어지는 일이다.

MC의 섭외 루트는 생각보다 다양하다. 이벤트 업체, 단체장, 공공기관 주무관, 행사 담당자, 음향 스태프,

　　　　　　　마이크 앞에 서고 싶은 당신에게

무대 감독까지. 행사장에 들어서는 순간, 그 자리에 있는 모든 사람이 언젠가 나를 섭외할 수 있는 사람이다. 그리고 그들은 무대 위 말솜씨보다 무대 밖 태도를 더 오래 기억한다.

나는 행사장에 도착해 차에서 내리는 순간부터 무대까지 가는 길에 마주치는 사람이 있으면 누구든 인사를 한다. 특히 얼굴을 잘 기억하지 못하는 나는 알든 모르든 인사부터 한다. 행사장에 도착하면 음향, 스태프, 행사 담당자, 관련 공무원 한 분 한 분에게 인사를 건넨다. 행사가 끝난 뒤에도 마찬가지다. 혹시 인사를 못 한 분이 떠오르면 문자로라도 "다음 일정 때문에 인사를 못 드리고 와서 죄송합니다."라고 남긴다. 아주 사소한 행동이지만 그 사소함이 나의 인성으로 평가된다.

대가와 기다림 사이, 자기만의 기준 세우기

"행사 끝난 지 일주일도 안 됐는데 입금이 안 됐다고 연락을 했더라고. 그렇게 독촉하면 피곤해서 같이 일을 못 하지."

　　　　　　　　　　　　　　2장 MC로 먹고사는 기술

행사비 문제로 어느 MC를 두고 담당자가 불편함을 토로한 적이 있다. 계약서 없이 구두로 일하는 경우가 대부분인 이 시장에서 입금 문제는 서로가 가장 조심해야 할 신뢰의 영역이다. 보통은 1~2주 안에 입금이 되지만 간혹 한 달이 지나도 연락조차 없는 곳도 있다. 그럴 때는 MC 입장에서도 마음이 불안해진다. 나는 최소한 한 달은 기다린다. 그 이후에도 아무 연락이 없을 때 조심스럽게 확인 문자를 보낸다.

정당한 대가를 받는 일과 관계를 해치지 않는 일 사이에서 기다릴 줄 아는 기준을 세우는 것, 그 또한 인성의 영역이다. 한 번으로 끝날 인연이 아니라면 더더욱 그렇다.

다음 일정은 태도에 달려 있다

"어쩌죠, 행사 일정이 연기됐어요. 변경된 날짜도 가능할까요?"

행사 이삼일 전, 흔하게 오는 연락이다. 이미 이 일정 때문에 다른 행사도 놓쳤는데 일정 변경이라니. 게다가

 마이크 앞에 서고 싶은 당신에게

변경된 날짜는 이미 다른 일정이 있다. 손해가 크고, 솔직히 화가 날 수밖에 없다. 하지만 이럴 때의 태도가 다음을 만든다는 사실을 기억해야 한다. 연락한 담당자 역시 본인의 잘못이 아닌 상황에서 미안한 마음으로 전화를 했을 가능성이 크다.

"이제 그걸 알려주시면 어떡하나요. 일찍 알려 주시든가요. 선약한 일이라 더 좋은 기회들도 다 놓쳤는데……. 변경된 날짜도 안 돼요. 이 일 때문에 손해가 크네요."(×)

"아. 그런가요? 어쩔 수 없지요. 괜찮습니다. 그런데 바뀐 날짜는 이미 다른 일정이 있어서 함께하지 못해 아쉽습니다. 다음 기회에 꼭 다시 연락 주세요. 그때는 꼭 같이하고 싶습니다."(○)

당신이 담당자라면 다음 행사에 어떤 MC를 다시 부르고 싶겠는가? 미안한 마음에 한 번쯤은 다시 연락할 수 있겠지만 관계 유지는 어려울 수 있다. 함께 일하기 편한 사람, 내 감정을 조절할 줄 아는 것 역시 인성이다.

무대는 함께 만들어 가는 것

"오늘 음향이 너무 별로죠? 앞에 가수들도 음향이 안 좋아서 노래하기 힘들다고 하더니 진짜 음향이 너무 안 좋네요."

어느 가수가 무대 위에서 한 말이다. 그 가수를 섭외한 곳은 다름 아닌 그 음향 업체였다. 행사가 끝난 뒤 음향 담당자는 이렇게 말했다.

"다시는 그 가수 안 부를 겁니다."

행사는 혼자 만드는 것이 아니다. MC, 가수, 음향, 조명, 무대, 모두가 함께 만들어 가는 일이다. 그 과정에서 누군가는 실수할 수 있다. 그럴 때 필요한 태도는 비난이 아니라 감싸는 일이다.

MC 역시 마이크가 갑자기 나오지 않는 상황을 자주 겪는다. 그때 음향이나 스태프를 향해 짜증을 내거나 불편한 표정을 짓는 순간, 문제는 더 크게 드러난다. 스태프에게 조용히 신호를 보내고 마이크가 돌아올 때까지 현장 분위기를 잠시 끌어 주는 것, 그게 프로다.

결국 MC는 말로 신뢰를 얻는 직업이 아니라 태도로 신뢰를 쌓는 직업이다. 인성이 좋다는 것은 착하다는 말이 아니다. 함께 일하기 편하고, 다시 부르고 싶은 사람이라는 뜻이다. MC에게 인성은 옵션이 아니라 경력의 바닥을 지탱하는 기본값이다. 그래서 나는 믿는다. 실력 있는 MC는 많지만 오래 가는 MC는 늘 인성에서 갈린다는 것을.

   2장 MC로 먹고사는 기술

행사 진행 MC,
실전 노하우 방출

사전 준비

행사 시나리오는 사전에 받는 경우가 대부분이다. 하지만 진행 일정표만 보내고 "MC님이 알아서 진행해 주세요."라는 연락을 받는 경우도 적지 않다. 사전에 전달된 시나리오가 문맥상 어색하거나 흐름이 이해되지 않는 경우도 있고, 심지어 행사 당일 현장에 도착해서야 시나리오를 받거나, 아무 시나리오 없이 진행해야 하는 상황도 발생한다.

시나리오는 그 행사의 기본 틀이자 뼈대다. 기본 틀이 불안정한 상태에서 행사를 진행하는 것은 언제 무너질지 모르는 구조물 위에 서 있는 것과 같다. 시나리오가 없을 경우에는 정중하게 기본적인 흐름이라도 작성해 달라고 요청하거나, 담당자와의 사전 통화를 통해 전체 진행 방식을 구두로라도 반드시 확인해야 한다. 행사의 성공 여부는 무대 위에서가 아니라, 무대에 오르기 전 준비 과정에서 이미 결정된다.

실제로 행사 진행 시간보다 시나리오를 완성하는 데 더 많은 시간이 소요되는 경우가 많다. 너무 상세하게 작성된 시나리오는 과감히 줄여야 하고, 지나치게 단순한 시나리오는 살을 붙여야 한다. 흐름이 어색한 부분은 자연스럽게 수정하고, 이해되지 않는 지점은 반드시 담당자와 사전 통화를 통해 확인해야 한다. 이 과정에서 MC는 행사의 시작부터 끝까지를 머릿속에 한 편의 그림처럼 그려 놓아야 한다.

행사 당일에는 최소 1~2시간 전에 현장에 도착해 다시 한번 시나리오를 점검한다. 현장은 종이 위의 시나리오와 전혀 다른 변수를 만들어 내기 때문이다. 무대와 관객석의 거리, 무대의 크기와 동선, 내빈의 좌석 위치,

     2장 MC로 먹고사는 기술

내빈 소개 방식(직접 소개인지 영상 대체인지), 자막 송출 시간과 방식, 공연팀의 입·퇴장 동선과 인원, 무대 세팅과 철수에 필요한 시간까지 모두 확인해야 한다. 이러한 요소들은 모두 MC 멘트와 진행 속도에 직접적인 영향을 미친다.

시나리오만으로 확인이 어려운 부분은 반드시 현장에서 다시 체크하고, 필요하다면 즉시 수정해야 한다. 무대가 멀다면 시간을 메워 줄 멘트가 필요하고, 무대가 좁은데 수상자가 많다면 사전에 수상 방식과 위치를 조율해야 한다. 공연팀의 준비 시간이 길어질 경우에도 MC는 흐름이 끊기지 않도록 자연스럽게 분위기를 이끌어야 한다.

이 모든 준비 과정에서 MC는 단순한 '진행자'가 아니라, 행사의 흐름을 조율하는 현장의 총감독이라는 관점으로 접근해야 한다. 전체 흐름을 읽고, 변수를 예측하고, 상황에 맞게 조정하며 행사가 가장 매끄럽게 흘러가도록 지휘하는 역할이다.

사전 준비는 보이지 않지만, 결과는 분명하게 드러난

　　마이크 앞에 서고 싶은 당신에게

다. 완벽하게 준비된 시나리오는 MC를 흔들리지 않게 만들고, 행사를 안정적으로 이끈다. 무대 위에서 여유 있어 보이는 MC의 모습은 타고난 순발력이 아니라, 철저한 사전 준비가 만들어 낸 결과다. 이것이 바로 '프로 MC'가 행사 전 반드시 거쳐야 할 가장 중요한 과정이다.

100% 생방송 무대, 실수 대처법

예상 불가능한 사고의 콘텐츠 전환

MC 데뷔 초기, 입소문을 타고 MC로서 확실히 자리 잡게 해 준 계기가 된 일이 있다. 한여름 밤, 야외 고택에서 열린 소규모 음악회였다. 고택 마당에 100여 명의 관객이 모여 고즈넉한 분위기 속에서 음악을 즐기고 있었다. 그런데 공연 도중 갑작스럽게 정전이 발생했다. 노래하던 가수의 마이크와 건반 소리가 멎었고, 고택을 밝히던 조명까지 모두 꺼지며 순식간에 암흑이 되었다. 물론 내 마이크도 함께 꺼졌다.

                    2장 MC로 먹고사는 기술

스태프들은 정전 원인을 찾느라 분주했고, 관객석에서는 웅성거림이 퍼졌다. 무대 위 가수의 당황한 표정이 지금도 선명하다. 앞이 캄캄한 상황이었지만, MC가 아무 말 없이 서 있을 수는 없었다. 다행히 100여 명이 모인 고택 마당이었기에, 목소리를 높이면 충분히 전달될 수 있었다. 대형 야외 공연장이었다면 어려웠겠지만, 그날의 공간은 오히려 기회가 되었다.

"여러분, 잠시 눈을 감아 볼까요? 고택의 고요함을 느껴 보겠습니다. 어떤 소리가 들리시나요? 여름밤 우리 곁을 스치는 잔잔한 바람을 느껴 보세요. 시원하게 흐르는 강물 소리도 들리시나요? 고택의 나무가 내뿜는 향기도 느껴 보시고요. 이제 눈을 떠서 하늘을 바라봐 주세요. 우리는 늘 바쁘게 살다 보니 하늘 한번 올려다볼 여유도 없죠. 반짝이는 별빛과 우리를 비추는 달처럼, 보이지 않게 우리를 밝혀 주는 고마운 존재들이 참 많습니다."

나의 간절함이 하늘에 닿았을까? 그날따라 별빛과 달빛도 참 밝았다. 그사이 조명이 다시 켜지고 마이크도

     마이크 앞에 서고 싶은 당신에게

살아났다. 알고 보니 야외 행사 중 지나가던 누군가의 발에 걸려 메인 전원 코드가 빠진 것이었다. 불과 2~3분의 정전이었지만, 체감 시간은 몇 시간처럼 아찔했다. 그러나 단 한 명의 관객도 자리를 뜨지 않았고, 오히려 정전 덕분에 고택 음악회의 고즈넉함과 힐링의 분위기가 더 깊어졌다. 그 일을 계기로 '정전 속에서도 행사를 망치지 않고 잘 이끈 MC'라는 입소문이 지역에 퍼지기 시작했다.

생방송 현장에서의 즉각적인 판단

또 다른 경험은 시상식 현장이었다. 장학금 수상자가 늦어져 오빠가 대리 수상을 하기로 되어 있었는데, 막 장학증서를 받으려는 순간 당사자가 도착했다는 연락을 받았다. 타이밍의 작은 실수였다. 하지만 생방송 현장에서는 멈춰서 고민할 시간이 없다. 당사자가 도착했다면 직접 받는 것이 맞다는 판단이 섰다.

"여러분, 지금 오빠가 대리 수상을 하려는 순간에 당사자가 막 도착했습니다. 장학금을 오빠가 받아서 써 버릴까 봐 걱정이 됐나 봅니다. 수상자, 지금 무대로 올라와 직접 받아 주시기 바랍니다. 그리고 동생을 위해 시간 내준 오빠에게도 고마움의 박수 부탁드립니다. 동생한테 심부름값은 꼭 챙겨 달라고 하세요.”

수상자가 바뀌는 상황이었지만, 현장은 웃음과 함께 자연스럽게 정리되었다. 내가 진행하는 행사를 보고 ‘재미있다’고 말하는 분들이 많다. 나는 이벤트형 MC도 아니고, 일부러 웃기려 애쓰는 MC도 아니다. 다만 현장이 어색해지거나 누군가가 당황하지 않도록 한마디씩 덧붙이는 역할을 할 뿐이다. 그 한마디가 분위기를 살리고, 행사를 안정시키는 힘이 된다고 믿는다.

실수를 수습하는 봉합 능력

행사 진행에서 담당자가 가장 예민하게 보는 순간은 단연 내빈 소개다. 내빈 한 사람, 한 사람은 단순한 이름이 아니라 행사의 결과와 직결되는 존재이기 때문이다. 하지만 내빈 수가 많아질수록 소개 과정에서 한 분을 빠뜨리는 실수가 발생하기도 한다. 실제로 행사 도중 담당자가 다가와 굳은 표정으로 "○○ 님이 빠졌습니다."라고 알려 주는 상황이 있었다. MC에게 가장 아찔한 순간 중 하나다. 내빈 소개 실수는 '진행상의 작은 오류'로 끝나지 않는다. 행사의 핵심을 건드리는 문제이기 때문에 재섭외는 물론, 업계 내 평판에도 크게 영향을 미칠 수 있는 위험한 실수로 이어질 수 있다.

이미 일이 벌어졌다면 선택지는 하나뿐이었다. 어떻게 수습하느냐. 빠진 내빈의 기분을 상하지 않게 하면서도 담당자의 체면과 행사 흐름을 동시에 살려야 했다.

"내빈 소개 과정에서 한 분을 미처 소개해 드리지 못했습니다. 순서가 늦어진 점 먼저 양해 말씀드리고요. 대신 더 큰 목소리와 박수로 힘차게 소개해 드리겠습니다. ○○단체의 ○○○ 회장님, 자리해 주셨습니다. 여러분, 열 배 더 큰 박수와 함성으로 환영해 주시기 바랍니다."

앞선 내빈 소개에서보다 목소리 톤을 두 세배 올리고 박수와 함성 소리를 크게 유도했다. 그 내빈은 웃으며 두 손을 흔들며 인사했고, 행사의 흐름은 자연스럽게 이어졌다. 행사가 끝난 뒤 담당자 역시 그 일로 다시 문제

  2장 MC로 먹고사는 기술

를 제기하지 않았다.

어떤 상황에서도 MC가 먼저 당황해서는 안 된다. 무대 위 누군가가 실수를 하더라도, 내가 실수를 하더라도, 아무 일도 아닌 것처럼 차분하게 대응해야 한다.

MC의 태도는 곧 현장의 분위기가 된다. 사고와 변수는 피할 수 없지만, 대응은 선택할 수 있다. 애드리브와 센스는 웃기기 위한 기술이 아니다. 현장을 지키고, 관계를 살리는 책임감이다. 예상치 못한 실수의 순간이야말로 MC의 진짜 실력이 드러나는 시간이다. 프로 MC는 무대 위에서만 빛나는 사람이 아니라, 위기의 순간에 가장 단단해지는 사람이다.

나를 섭외하는 사람들

나는 가왕 조용필 님의 50주년을 기념해 최초로 기획된 팬클럽 연합 행사의 MC를 맡았다. 가슴 벅찬 추억으로 남은 행사지만, 나를 더 감동시킨 건 그다음 해에 들

　　　　　　　　　마이크 앞에 서고 싶은 당신에게

려온 소식이었다. "작년에 했던 그 MC를 반드시 다시 섭외해야 한다"는 요청이 있었다는 것이다. 심지어 어떤 주최 측은 내 일정을 미리 확인한 뒤, 내가 가능한 날짜에 맞추어 행사를 확정하기도 한다. 과연 그들이 나를 선택하는 이유는 무엇일까? 단순히 진행 실력이 좋아서만은 아닐 것이다.

MC는 스스로 무대에 오르는 사람이 아니라, 선택되어야만 설 수 있는 사람이다. 누군가가 나를 선택해 주어야 비로소 무대가 열린다. 아직 한 번도 만나지 못한 행사 섭외 담당자는 셀 수 없이 많겠지만, 한 번 만나고 끝나는 담당자는 없어야 한다. 한번 인연이 닿았다면, 다음 행사에서도 자연스럽게 다시 떠올려지는 MC가 되어야 한다.

"김선영 MC님이면 걱정이 없어요."

"믿고 맡길 수 있어서 같이 일하기 편해요."

행사 담당자들에게 가장 자주 듣는 말이다. "진행을 잘한다", "목소리가 좋다", "말이 또렷하다", "센스가 있다"는 칭찬도 물론 고맙다. 하지만 실제로 나를 다시 선택하게 만드는 결정적인 이유는 따로 있다. "믿고 맡기면 걱정이 없다"는 말이다. 이 말은 곧, 담당자가 옆에서 하나하나 챙기지 않아도 알아서 해 주니 편하다는 뜻이다.

관계 관리의 중요성 '내빈 소개'

내빈 소개는 실수 없이 진행해야 할 영역이지만, 동시에 가장 전략적으로 접근해야 할 순간이다. 행사 전 이런 요청을 받은 적이 있다.

"사회자님. 오늘 시장님 기분이 좀 안 좋으세요. 시장님 소개할 때 많이 띄워 주세요."

행사 후 담당자는 이렇게 말했다.

"오늘 사회자님 덕분에 시장님이 정말 기분 좋아하셨어요. 시장님의 그런 이야기까지 어떻게 알고 계셨어요? 감사합니다."

대부분의 내빈 소개 원고는 이렇게 적혀 있다.

'○○○ 시장님 참석하셨습니다.' 조금 신경 쓴 경우에도 '지역 발전을 위해 변화와 혁신을 이끌고 계시는 ○○○ 시장님' 정도다. 정중하지만, 기억에 남지는 않는다.

마이크 앞에 서고 싶은 당신에게

그래서 나는 행사 전 반드시 그 지역의 최근 기사를 검색한다. 그 지역에서 이슈가 된 성과, 수상 소식, 정책 결과를 확인해 내빈 소개 멘트에 한 줄 정도 덧붙인다. "며칠 전 언론인이 뽑은 최고의 상을 수상하신 시장님 참석하셨습니다. 더 큰 축하의 박수로 맞아 주시기 바랍니다." 또 무대에 오르신 모습을 보며 "오늘 넥타이 색상이 정말 잘 어울리십니다.", "염색을 하셔서 훨씬 젊어 보이십니다." 이런 짧은 멘트로 내빈이 한번 웃고 기분 좋아했다면, 그 행사는 이미 절반은 성공이다.

그날 이후, 나는 그 담당자와 자주 함께 일하고 있다. 이유는 단순하다. 수많은 시민이 모인 자리에서, MC가 내빈의 성과나 장점을 대신 말해 주는 순간 "오늘 MC 사회 잘 보네." 그 한마디에 다음 행사는 자동 섭외로 이어질 수 있다.

무대 밖에서 증명되는 프로의 태도

한번은 행사 담당자가 가수 섭외 이야기를 하며 짜증 섞인 목소리로 하소연했다.

　　　　　　　　2장 MC로 먹고사는 기술

"주차장 준비해 달라, 끝나면 저녁 식사 제공하느냐, 부모님도 함께 오니 대기실을 따로 마련해 달라, 추운데 난방 기기는 준비됐느냐……, 요구 사항이 너무 많아서 다음부터는 못 부르겠어요."

얼마나 유명한 가수인지 궁금해 이름을 물었더니, 이름을 들어도 알 수 없는 무명 가수였다. 돈을 주고 섭외하는 입장에서 일거리가 늘어나는 것이 반가울 리 없다는 생각이 들었다.

그 이야기를 듣고 집에 돌아오자마자 나는 밟고 올라설 발판을 만들었다. 내 키는 153㎝. 사회자석이 높은 행사장에서는 스태프에게 발판을 요청하곤 했는데, 어떤 곳에서는 없다 하고, 어떤 곳에서는 급하게 무엇인가를 찾아 받쳐 주기도 했다. 입장을 바꿔 생각해 보니 '왜 키 작은 MC를 섭외해서 이런 번거로움을 만들까'라는 생각이 들 법도 했다. 그 이후로 10㎝ 높이의 개인 발판을 만들어 항상 가지고 다닌다. 나를 위한 방안이었지만, 이후 관계자들은 준비된 태도, 그리고 나의 단점을 스스로 보완하려는 모습을 좋게 봐주시곤 했다.

　　　　　　　　마이크 앞에 서고 싶은 당신에게

그래서 나는 현장에서 담당자에게 큰 요구를 하지 않는다. 담당자를 통해야만 해결할 수 있는 일이 아니라면, 가능한 한 내가 알아서 해결한다. 물이 필요하면 직접 챙겨 오고, 대기 중 앉을 의자가 필요하면 주변을 살펴 내가 사용할 의자를 직접 가져온다. 마치고 난 후에도 손댈 것이 없도록 내가 사용한 대본이나 쓰레기는 깨끗하게 챙겨 나와서 직접 치운다. 물론 아무 말 하지 않아도 필요한 것을 먼저 챙겨 주는 담당자를 만나면, 나 역시 사람인지라 고마운 마음이 커지고 '오늘 행사는 더 잘해야겠다'는 생각이 자연스럽게 든다.

MC는 말로 신뢰를 얻는 사람이 아니라, 행동으로 신뢰를 쌓는 사람이다. 선택받는 MC가 된다는 것은, 무대 위에서 잘하는 것을 넘어 무대 밖에서부터 함께 일하기 편한 사람이 되는 것이다. 담당자의 일을 줄여 주고, 고민을 덜어 주고, '이번 행사는 걱정 없다'는 마음이 들게 만드는 것. 그 신뢰가 쌓일수록, 선택은 반복되고 무대는 다시 열린다. 이것이 오래 일하는 MC가 되는 가장 현실적인 방법이다.

  2장 MC로 먹고사는 기술

행사별 시나리오 연습하기

행사를 진행하는 MC에게 시나리오는 단순한 대본이 아니다. 그 행사의 성격을 읽고, 취지를 살리고, 의미를 관객에게 전달하는 설계도에 가깝다. 같은 순서, 같은 멘트라도 MC가 어떻게 해석하고 풀어내느냐에 따라 행사의 품격과 재미는 전혀 달라진다.

특히 시나리오가 촘촘히 준비되지 않은 현장일수록 MC의 역할은 더 중요해진다. 정해진 멘트가 없어도, 진행 순서만 주어져도, 오프닝부터 클로징까지 하나의 이야기로 엮어 낼 수 있어야 한다. 그 능력이 바로 '차별화된 MC'를 만든다.

청소년 영어 스피치 발표 대회: 예상 밖 상황을 기회로 바꾸다

청소년 영어 스피치 발표 대회 진행을 맡은 적이 있었

다. 나는 한국어 MC로 참여했고, 옆에서 영어 선생님 한 분이 통역을 맡아 함께 진행하는 구성이었다. 내빈 축사 시간, 시장님께서 예고 없이 영어로 축사를 전하는 상황이 벌어졌다. 당황할 수도 있는 순간이었지만, 이때야말로 행사의 성격을 살릴 수 있는 기회였다.

제공된 시나리오

리플릿 진행 순서

내빈 축사

1) ○○○ 시장님

2) ○○○ 시의원님

사전에 준비된 시나리오는 없었지만, 행사의 성격을 정확히 반영해 현장을 풀어 가자 내빈과 관객 모두 자연스럽게 웃고 공감했다. 내빈들 역시 '행사의 의미를 함께 나눌 수 있어 좋았다'며 MC의 센스를 높이 평가했다.

  2장 MC로 먹고사는 기술

수정한 시나리오는 다음과 같다.

수정한 시나리오

먼저 ○○○ 시장님 축사가 있겠습니다.

(시장님 영어 축사 후)

감사합니다. 깜짝 놀랐습니다. 시장님의 영어 실력이 보통이 아닌데요. 오늘 통역을 맡아 주신 영어 선생님께서 영어 스피치 수행평가 점수를 주신다면 몇 점 주시겠어요?

"97점 드리겠습니다."

다음은 ○○○ 시의원님 축사입니다. 혹시 영어로 준비하셨을까요? 기대하면서 박수로 모시겠습니다.

(시의원님 축사 후: 영어 축사는 아니었지만 마지막에 "Boys, be ambitious!" 한마디를 덧붙임.)

선생님! 의원님도 마지막 한마디를 영어로 전하셨습

마이크 앞에 서고 싶은 당신에게

니다. 의원님 점수는 몇 점 주시겠어요?

"짧지만 발음이 좋아 95점입니다."

오늘 내빈 축사 영어 스피치에서는 시장님이 1등, 의원님이 2등입니다. 두 분께 다시 한번 큰 박수 부탁드립니다.

애드리브를 잘한다는 것을 착각하는 경우가 있다. 주인공보다도 MC가 더 많은 말을 하며 웃기거나 정보를 주려고 하는 경우다. 애드리브를 잘하는 MC는 말을 많이 하는 사람이 아니다. 현장을 정확히 읽고, 이미 나온 말을 다시 살아 움직이게 만드는 사람이다. 그들은 VIP의 인사말, 무대 위의 분위기, 객석의 반응을 하나의 흐름으로 엮어 짧은 한 문장으로 정리한다. 그 문장은 새로 만들어 낸 이야기가 아니라, 모두가 이미 알고 있지만 아무도 대신 말해 주지 않았던 '지금 이 순간의 요약'이다.

　　　　　　　　　　2장　MC로 먹고사는 기술

애드리브는 웃기기 위해 애쓰는 것이 아니다. 대신 부담 없는 질문을 던져 VIP와 관객이 자연스럽게 반응할 수 있는 틈을 만들면 된다. 대답이 나와도 좋고, 표정만 돌아와도 충분하다. 애드리브의 목적은 주목받는 MC가 되는 것이 아니라, 무대 위 사람들을 편안하게 주인공으로 세우는 데 있다는 것을 알아야 한다. 결국 애드리브는 순발력이 아니라 판단력이다. 지금 이 자리에서 한마디를 더할지, 멈출지를 결정하는 능력. 잘하는 MC일수록 말을 더하지 않는 용기도 함께 갖고 있다.

자막으로 진행되는 내빈 소개: 침묵보다 메시지

요즘은 행사 시간 단축을 위해 내빈 소개를 화면 자막으로 대신하는 경우가 많다. 이때 담당자로부터 흔히 듣는 말이 있다.

"화면으로 내빈 소개를 하니까, 사회자님이 보시고 적절히만 멘트해 주세요."

하지만 다음과 같이 시나리오에는 아무 내용이 없는 경우가 대부분이다.

제공된 시나리오

다음은 자리를 빛내 주시기 위해 참석하신 내빈들을 소개해 드리겠습니다. 원활한 진행을 위해 화면 영상으로 소개해 드리겠습니다.

(화면 송출 중) 시나리오 멘트 없음

내빈분들께 다시 한번 큰 박수 부탁드립니다.

이럴 때 MC가 해야 할 첫 번째 일은 반드시 호명해야 할 인물이 있는지 사전 확인하는 것이다. 요청받은 분이 있다면 꼭 언급하고, 그렇지 않다면 자막이 나가는 동안 침묵으로만 두지 않는 것이 중요하다. 행사 진행을 한 번이라도 해 본 사람이라면 알 것이다. 나를 섭외한 담당자의 최고 관심사는 내빈 소개를 완벽하게 하는 것이다. 수정한 시나리오는 다음과 같다.

수정한 시나리오

(화면 송출 중)

오늘 이 자리를 축하하고 응원해 주시는 분들의 이름이 화면에 소개되고 있습니다. 행사를 위해 함께해 주신 많은 분들께 진심으로 감사드립니다. 소개가 조금 길게 느껴지실 수도 있지만, 그만큼 이 행사를 응원하는 마음이 크다는 뜻이겠죠. 잠시만 더 집중해 주십시오. 앞으로의 발전을 함께 고민하고 격려해 주시는 분들입니다. 큰 박수 부탁드립니다.

(화면 송출 후)

참석해 주신 모든 내빈 여러분께 다시 한번 감사의 박수 부탁드립니다.

한 분 한 분의 이름을 호명하지 않더라도 송출 중 짧은 감사 인사를 전하는 것만으로도 의미 있는 감사의 시간으로 바꿀 수 있다.

마이크 앞에 서고 싶은 당신에게

송년 음악회: 곡과 사람을 이야기로 잇다

제공된 시나리오

리플릿 진행 순서

초대 가수: ○○○

곡명: 트로트 메들리

이처럼 송년 음악회는 종종 시나리오 없이 곡명과 출연자 정보만 적힌 리플릿만 제공된다. 이럴수록 MC는 송년의 분위기, 한 해의 마무리, 새해의 기대를 이야기로 채워야 한다. 송년 음악회 중 댄스 가수가 초대된 상황. 단순한 가수 소개 대신 송년의 의미를 담아 풀어 보자.

　　　　　　　2장　MC로 먹고사는 기술

수정한 시나리오

송년 음악회 함께하고 있습니다.

한 해의 끝자락에 함께 모여 송년 음악회를 하고 있으니까 송년 회식이다 생각하고 서로에게 건배 한번 해보면 어떨까요?

제가 먼저 건배 제의하겠습니다.

제가 '너나' 외치면, 여러분은 '잘해'라고 답해 주세요. 무슨 의미일까요? '너와 나의 잘나가는 한해를 위해' 라는 뜻입니다.

건배 제의하겠습니다.

"너나!"

"잘해!"

계속되는 송년 음악회, 2차 노래방에 왔다는 기분으로 지난해의 스트레스 날리면서 신나게 즐겨 주시기 바

마이크 앞에 서고 싶은 당신에게

랍니다.

송년의 열기를 끌어올려 줄 초대 가수 ○○○ 님을 소
개합니다. 박수로 맞아 주세요.

건배 제의를 통해 객석이 함께 참여하고 웃음을 만들
며 모두가 하나 된 송년회의 분위기를 이끌어 낸 경우
다. 단순한 음악회에 송년의 의미를 더해 주면서 모두
함께 즐기는 시간이라는 것을 관객 스스로 느끼게 만드
는 것, 공연의 흐름을 만들어 더 풍성한 행사를 만들 수
있다면 MC의 애드리브는 성공이다.

전통시장 장보기 행사: 현장감 있는 유머로 분위기를 살려라

명절을 앞두고 지역 인사들이 전통시장을 찾아 장보
기 행사를 진행한다. 장보기에 앞서 무대 위에서는 내
빈들의 명절 인사가 이어진다. 이때 내빈들은 전통시장

활성화를 위해 지역 상품권을 구입하고, "이 상품권을 오늘 시장에서 모두 사용하겠다"는 메시지를 공통적으로 전한다.

제공된 시나리오

내빈 인사

• ○○○ 시장님의 인사 말씀(인사말)

감사합니다.

• ○○○ 도지사님의 인사 말씀(인사말)

감사합니다.

• ○○○ 국회의원의 인사 말씀(인사말)

감사합니다.

• ○○○ 시의장님의 인사 말씀(인사말)

감사합니다.

마이크 앞에 서고 싶은 당신에게

보통의 시나리오에는 내빈 인사 순서와 간단한 인사 말만 적혀 있다. 하지만 이에 더해 내빈들의 축사가 끝 난 뒤, 그 내용을 자연스럽게 요약해 주거나 짧은 소감 과 가벼운 유머를 덧붙여 의미를 살리는 것 역시 MC의 중요한 역할이다. 단순한 진행을 넘어, 현장의 분위기를 한 단계 끌어올리는 연결고리가 되기 때문이다.

이날 행사에서 나는 짧은 유머 한마디로 분위기를 풀었 고, 그 계기로 내빈들과 직접 식사를 하며 인사를 나눌 수 있는 자연스러운 장면을 만들어 낼 수 있었다. 준비된 멘 트가 아니더라도, 상황을 읽고 적절한 애드리브를 더하면 새로운 흐름과 기회를 만들어 낼 수 있다는 것을 다시 한 번 느낀 순간이었다. 수정한 시나리오는 다음과 같다.

수정한 시나리오

다음은 ○○○ 님의 인사 말씀이 있겠습니다.

(내빈 인사말: 전통시장 상품권으로 장바구니 가득 채워 가

2장 MC로 먹고사는 기술

겠습니다……)

말씀 감사합니다.

전통시장은 장바구니만 채우는 곳이 아니라, 사실 맛집도 정말 많습니다. 시장 안 식당에서도 이 상품권 사용이 가능하다는 점, 다들 알고 계시죠?

행사가 끝나면 어느새 저녁 시간이 다가오는데요. 솔직히 말씀드리면…… 행사 준비로 점심을 못 먹어서 지금 배가 무척 고프네요. 혹시 오늘, 전통시장에서 저녁 식사를 함께해 주실 분 계실까요? MC인 저는 이미 준비가 다 되어 있습니다.

행사의 완성도는 원고에만 있지 않다. 현장에서 살아움직이는 말, 그때 필요한 한 문장을 던질 수 있는 판단력. 애드리브는 선택이 아니라, 현장 MC에게 요구되는 중요한 역량이다.

　마이크 앞에 서고 싶은 당신에게

행사를 이끌어 가는 MC라면, 시나리오가 완벽하지 않아도 행사 전체가 하나의 이야기로 흐르도록 만드는 힘이 필요하다. 오프닝에서 던진 메시지가 클로징까지 이어지고, 각각의 순서가 의미로 연결될 때 관객은 그 행사를 '기억에 남는 시간'으로 받아들인다.

시나리오는 준비할 수 있다. 그러나 현장을 읽는 감각과 의미를 엮는 능력은 연습과 수많은 경험 속에서 만들어진다. 이것이 바로 MC가 행사별 시나리오 연습을 반복해야 하는 이유다.

MC 무대 오르기 전 체크리스트

구분	항목	점검 포인트	체크
목소리	• 발성 워밍업 완료 • 장단음 감각 • 속도 점검	낮은음으로 짧게 "아~" 소리 내며 울림 확인	☐
		얼굴 근육 풀기	☐
		심호흡으로 긴장 날리기	☐
		첫 멘트는 평소보다 10% 천천히	☐

2장 MC로 먹고사는 기술

자세	· 어깨·목 힘 풀림 · 중심 잡기 · 시선 위치	어깨를 한번 크게 돌리고 내려놓기	☐
		양발에 균등하게 체중 분배	☐
		사회자석 위치 및 높이 확인	☐
		카메라 송출 시 MC 위치와 시선 확인	☐
		객석 중앙-좌-우 자연스럽게 시선 돌리기	☐
내용	· 오프닝 · 이름 직함 · 전환 멘트	첫 문장 암기, 더듬으면 전체가 흔들림	☐
		내빈, 출연자 참석 여부 확인(반드시 확인 후 시작)	☐
		내빈 호칭 최종 확인	☐
		다음 순서로 넘어가는 문장 준비	☐

마이크 앞에 서고 싶은 당신에게

장비	• 마이크 상태 • 큐 카드 • 무대 동선	마이크 음량·거리, 전원 충전 확인	☐
		큐 카드 사이즈, 손에 쥐는 위치 정하기 (넘길 때 실수 잦음, 쪽 번호 기재)	☐
		우천 대비: 투명 파일 및 방수 케이스 지참	☐
		강풍 대비: 집게나 무거운 거치대 준비	☐
		입장·퇴장 방향 머릿속 리허설	☐
		계단 주의(한복, 치마, 힐 착용 시)	☐
멘털	• 긴장 풀기 • 표정	심호흡, 목 풀기, 스트레칭이 도움	☐
		미소는 작게, 눈은 또렷하게, 자신감 넘치게	☐

2장   MC로 먹고사는 기술

＊

　진정한 MC는 말을 잘하는 사람이 아니라, 마음을 잘 읽는 사람이다. 화려한 멘트보다 강력한 것은 상대와 호흡하며 분위기를 읽어 내는 소통의 힘이다. 마이크 앞에 서고 싶은 당신에게 묻는다. 당신의 목소리는 지금, 당신 앞에 있는 그 사람의 마음속에 머물고 있는가.

　마이크 앞에 서고 싶은 당신에게

3장

강사의 세계

강사의 매력

　나는 아나운서를 거쳐 MC, 그리고 강사로 역할을 확장해 왔다. 말을 직업으로 삼아 온 시간의 흐름 속에서 이 선택은 방향을 바꾼다기보다 자연스럽게 이동한 과정에 가까웠다.

　어느 날, 내가 살고 있는 지역 축제의 입찰 프레젠테이션 발표를 부탁받은 적이 있다. 아나운서나 MC처럼 사람들 앞에 서서 말하는 일이라는 점에서는 같았지만, 분명 다른 영역의 일이었다. 업체 담당자에게 축제의 방향을 듣고, 관련 자료를 받아 PPT를 구성했다. 서론, 본론, 결론의 구조 속에 이야기를 입혀 하나의 스토리로 엮어 냈다.

　마이크 앞에 서고 싶은 당신에게

당시 내가 발표를 맡은 업체는 그 지역의 축제를 십여 년 가까이 이어 온 곳이었다. 오랜 기간 단독으로 운영해 오다 갑작스럽게 공개 입찰 경쟁 시스템으로 전환된 상황이었다. 사람들은 어쩌면 새로운 업체를 통해 축제의 변화를 기대하고 있었을 것이다. 그렇다면 질문은 하나였다. '오랫동안 해 왔다는 사실을 어떻게 강점으로 만들 것인가.' 발표를 듣고, 심사 위원들이 내가 선택한 업체에 손을 들도록 설득해야 했다. 부담스러운 일이었다.

사람의 마음을 움직여 선택을 이끌어 내는 일은 아나운서와 MC의 역할과는 거리가 있다. 오히려 강사의 역할과 닮아 있다. 아무리 말을 잘하고, 좋은 정보와 이론을 논리적으로 전달해도 결정적인 순간은 결국 감정이 좌우한다. 그래서 필요한 것이 스토리텔링이다. 강의 역시 이야기가 있어야 마음을 설득할 수 있다.

마침 그 무렵, 요리 프로그램 〈냉장고를 부탁해〉에서 이연복 셰프가 큰 인기를 얻고 있었다. 젊은 셰프들의 화려한 플레이팅과 새로운 요리 기법에 비하면 그의 요리는 익숙했고, 플레이팅도 세련되었다고 말하기는 어

　　　　　　　　　　　　3장 강사의 세계

려웠다. 그럼에도 그는 우승을 여러 차례 거머쥐며 스타 셰프로 자리 잡았다. 나는 이연복 셰프의 이야기를 프레젠테이션에 담았다. 오랜 경험, 하나를 고집해 온 인내와 끈기는 어떤 새로운 기법이나 화려한 기술보다 더 깊은 맛을 만들어 낸다는 이야기였다. 그리고 이 업체 역시 하나의 길을 오랫동안 걸어왔다. 쌓여 온 경험과 노하우는 어떤 새로운 시도보다 더 깊고 안정적인 축제를 만들어 낼 수 있다는 메시지로 발표를 마무리했다. 결과는 긍정적이었다. 내가 프레젠테이션을 맡은 업체는 최종 선정되었고, 이후 '감동적인 프레젠테이션이 높은 점수를 받았다'는 이야기를 전해 들었다.

강의를 통해 성과를 만들고, 누군가의 선택과 결정에 도움이 될 수 있다는 일, 이보다 더 매력적인 일이 있을까. 그 인연으로 나는 지금까지 10년이 넘도록 그 업체와 함께 일을 이어 오고 있다. 결국 강사의 차별화는 수많은 이론이 아니라 자신만의 인생 경험에서 길어 올린 이야기다.

경험이 많을수록 좋은 이야기를 만들고, 좋은 이야기

　　　　　　　　마이크 앞에 서고 싶은 당신에게

는 사람의 마음을 움직이기 마련이다. 얼마 전 MC로 참여한 행사장에서 한 강사님의 특강을 들었다. 가수의 꿈을 키우다 MC를 거쳐 지금은 전국을 무대로 강의를 하는 분이었다. 나와 비슷한 길을 걸어왔기에, 강의가 끝난 뒤 잠시 이야기를 나눌 수 있는 자리를 만들었다. 나는 솔직한 질문을 던졌다.

"MC 일이 나이가 들수록 체력적으로도 힘들고, 경쟁력도 떨어지는 것 같아요. 젊고 잘하는 후배들도 많고요. 그래서 강의를 병행하고 있는데, MC와 강사를 비교해 보면 어떤가요?"

강사님의 답은 담담했다.

"저도 같은 고민을 했어요. 지금도 두 가지 일을 병행하고 있지만, 시간과 열정 대비로 보면 지금은 강사 일이 더 낫다고 느낍니다. MC는 날씨와 환경의 영향을 많이 받고, 행사 전체 시간을 책임져야 하니까요. 강사는 대부분 실내에서, 내가 맡은 시간만 집중하면 됩니다. 다만 여기까지 오기까지는 MC보다 훨씬 많은 시간과 노력이 필요했어요."

　　　　　　　　　3장 강사의 세계

그 말속에서 나는 부러움보다도, 강사로 자리 잡기까지의 보이지 않는 시간을 읽었다. MC로 여기까지 왔다면, 강사로 안정적인 자리를 만들기 위해서는 그 이상의 준비가 필요하다는 뜻이었다. 하지만 동시에, 그렇게만 된다면 MC보다 더 오래, 더 깊게 갈 수 있는 일이 바로 강사라는 확신도 들었다.

나는 아직 전국구 유명 강사는 아니다. 그러나 MC 일 다음으로 영역을 차근히 넓혀 가고 있다. 그리고 이 시장의 구조를 들여다보며 한 가지를 분명히 알게 됐다. 지금보다 더 유명한 MC가 되기 위해 쏟아야 할 노력, 그리고 지금보다 더 많이 찾는 강사가 되기 위해 쏟아야 할 노력, 그 결과로 얻을 수 있는 것의 크기는 분명히 다르다는 사실이다. 그래서 나는 아나운서와 MC로 쌓아 온 경험을 이제는 강사라는 이름으로 더 많은 사람에게 전하고 싶어졌다.

아나운서나 MC는 개인의 경험을 전면에 내세우기 어렵다. 말의 주인은 늘 '나'가 아니라 '프로그램'이거나 '행사'다. 진행자는 기획된 흐름을 정확히 전달해야 하고,

　　　　　　　　마이크 앞에 서고 싶은 당신에게

개인의 감정이나 서사는 자연스럽게 뒤로 물러난다. 아무리 많은 경험을 쌓아도 그것이 무대 위에서 온전히 드러날 기회는 제한적이다. 결국 자신을 드러내기보다는 자신을 지워 내는 방식으로 전문성이 완성된다.

하지만 강사는 다르다. 강의에서 말의 주인은 분명히 '나'다. 개인의 이력, 실패, 흔들렸던 순간, 방향을 바꾼 결정들이 오히려 가장 강력한 콘텐츠가 된다. 어떤 이론보다, 어떤 매뉴얼보다도 한 사람이 실제로 지나온 시간이 듣는 이들의 마음을 움직인다. 어디 가서 내 이야기를 이렇게 온전히, 이렇게 깊이 할 수 있을까. 강의실은 개인의 경험이 가장 정당하게 존중받는 무대다. 그래서 경험이 많을수록 강사는 매력적이다.

젊을 때 다양한 선택을 해 본 사람, 시행착오를 겪어 본 사람, 혹은 한 분야에서 오랜 시간을 묵묵히 견뎌 온 사람일수록 강사로서의 경쟁력은 높아진다. 그 시간은 헛되지 않는다. 실패는 경고가 되고, 좌절은 조언이 되며, 버텨 낸 시간은 신뢰가 된다. 강사는 자신의 과거를 숨길수록 약해지고, 드러낼수록 강해진다.

　　　　　　　　　3장 강사의 세계

강사는 나를 지우는 직업이 아니다. 오히려 나라는 사람을 하나의 브랜드로 차곡차곡 축적해 가는 직업이다. 오늘의 강의는 어제의 경험 위에 서 있고, 다음 강의는 또 다른 이야기를 덧붙인다. 시간이 흐를수록 콘텐츠는 깊어지고, 말에는 무게가 생긴다. 나이가 든다는 것은 소모되는 일이 아니라, 브랜드가 완성되어 간다는 뜻이 된다.

그래서 강사의 커리어는 직선이 아니라 누적이다. 경험이 쌓일수록 말할 수 있는 이야기가 늘어나고, 그 이야기가 곧 경쟁력이 된다. 강사는 결국 자신의 인생을 자산으로 만드는 사람이다. 그리고 그 자산은 시간이 갈수록 가치가 떨어지지 않는다. 오히려 더 오르며 탄탄해진다.

MC는 늘 많이 움직여야 한다. 행사장은 매번 새롭고, 현장의 긴장도는 항상 높다. 그만큼 즉각적인 판단력과 에너지가 요구되고, 일의 재미 또한 분명하다. 그러나 그 재미만큼이나 이 일은 체력 의존도가 크다.

강의는 결이 다르다. 매번 완전히 새로운 일을 하는

구조가 아니다. 한번 제대로 만든 강의 콘텐츠는 반복적으로 활용할 수 있고, 스피치라는 하나의 핵심 주제만으로도 발표력, 리더의 말하기, 프레젠테이션, 면접 코칭 등 다양한 형태로 확장이 가능하다. 이는 곧 시간이 지날수록 체력 소모는 줄어들고, 경력과 전문성이 쌓일수록 가치가 높아지는 구조라는 뜻이다. 하지만 MC는 시간이 흐를수록 나이가 부담이 되기 쉬운 직업이다.

마이크 앞에 서는 직업이라는 공통점은 있지만, 특히 여성 MC의 경우 젊음과 외적인 이미지가 여전히 경쟁력으로 작용하는 현실을 부정하기는 어렵다. 아무리 경험이 쌓여도 시장의 시선은 냉정하다. 반면 강사는 조금 다르다. 강사 역시 무대에 서지만, 그 무대에서 평가받는 기준은 외형보다 내용이다. 경험과 연륜이 쌓일수록 말에는 깊이가 생기고, 인생에서 길어 올린 이야기는 젊음과 미모를 충분히 뛰어넘을 수 있다. 이처럼 강사의 경쟁력은 시간이 만들어 준다. 그래서 강의는 나이가 들수록 불리해지는 일이 아니라, 오히려 유리해지는 일이다.

                                        3장 강사의 세계

아나운서와 MC는 늘 비교의 대상이 된다.

"전에 왔던 MC가 더 잘하지 않았어?"

담당자의 이 한마디는 이 일이 얼마나 쉽게 비교되고, 얼마나 빠르게 대체될 수 있는지를 보여 준다. 진행의 완성도가 아무리 높아도, 톤이 안정적이어도, 결국 기준은 상대평가다. 더 젊은 사람, 더 신선한 이미지, 조금 더 분위기를 잘 띄우는 사람이 나타나면 자리는 바뀔 수 있다. 개인의 역량보다 '역할 수행'이 먼저 평가되는 구조이기 때문이다.

강사는 다르다. 강의는 동일한 콘텐츠라도 완전히 같아질 수 없다. 같은 주제, 같은 제목의 강의라 해도 관점이 다르고, 이야기를 풀어내는 방식이 다르며, 무엇보다 강사가 살아온 시간이 다르다. 그 시간에서 길어 올린 에피소드와 해석은 쉽게 겹치지 않는다. 그래서 강사는 이름이 곧 커리큘럼이 된다. "누가 와서 대신 해 주세요."가 아니라, "그 사람이라서 듣고 싶다"는 요청이 생긴다. 바로 그 지점에서 대체 불가능성이 만들어진다.

강사의 자리는 누군가를 대신 세울 수 없는 자리다.

그 사람이 아니면 전달되지 않는 맥락과 온도가 있기 때문이다. 강의실에서 사람들은 정보를 기대하기도 하지만, 결국은 '그 사람의 이야기'를 듣고 싶어 한다. 그 사람이 어떤 선택을 해 왔는지, 무엇을 견뎌 왔는지, 어떤 실패를 통과했는지를 듣고 싶어 한다. 그래서 강사의 매력은 말하기 기술에만 있지 않다. 진짜 매력은 말이 나오기까지의 인생에 있다. 화려한 화술보다, 매끄러운 진행보다, 그 말이 어떤 시간을 지나 여기까지 왔는지가 더 큰 울림을 만든다.

강사는 자신의 삶을 숨기는 사람이 아니라, 삶을 언어로 번역하는 사람이다. 내가 강사를 선택하고 싶은 이유도 여기에 있다. 마이크 앞에서 말을 잘 전달하는 사람으로 머무는 것이 아니라, 사람들의 삶 속으로 말이 닿게 하는 사람이 되고 싶기 때문이다. 내가 살아온 시간을 소모하는 것이 아니라 확장하는 선택, 그 경험들이 누군가에게 방향이 되고 용기가 되는 순간을 만들고 싶다. 어쩌면 내게 강사는 직업을 넘어 삶에 대한 태도일지도 모른다. 그리고 그 태도는 누구도 대신할 수 없다.

아나운서, MC, 강사의 공통점

대중 앞에 서는 직업

아나운서, MC, 강사는 모두 사람들 앞에서 말을 하는 직업이다. 아나운서는 카메라 앞에서 주어진 대본을 정확하게 소화해 내는 사람이고, MC는 수많은 사람들 앞에서 행사를 매끄럽게 운영하는 사람이며, 강사는 사람들 앞에서 그들이 필요로 하는 정보를 전달하는 사람이다. 역할에는 분명한 차이가 있지만, 공통점은 하나다. 모두 마이크 앞에 서는 사람이라는 것.

아나운서는 시청자가 이해할 수 있는 언어로, MC는 현장 분위기와 관객 반응에 맞는 언어로, 강사는 대상의 수준과 경험, 욕구에 맞는 언어로 말할 뿐이다. 세 역할 모두에서 말은 오해 없이 정확하게 전달되어야 한다. 발음과 발성, 속도 조절은 단순한 기술이 아니라 청중에 대한 배려이자 책임이다. 듣는 사람이 피로하지 않게 만드는 말, 그것이 이 직업들의 기본 조건이다.

이 세 직업의 또 하나의 공통점은 모두 라이브라는 점이다. 한번 내뱉은 말은 되돌릴 수 없다. 아무리 준비를 철저히 해도, 말을 듣는 사람을 완벽하게 예측하는 것은 불가능하다. 그래서 이 일은 준비만으로 완성되지 않는다. 현장에서 살아 움직이며, 상황에 맞게 적응할 수 있을 때 비로소 완성된다.

스피치 실력이 경쟁력

말을 잘한다는 것은 분명한 무기다. 말은 단순한 기술이 아니라, 내가 하고 있는 일을 다른 영역으로 확장시키는 힘이기 때문이다. 아나운서들이 프리랜서를 선언

한 뒤 다양한 분야로 활동을 넓혀 갈 수 있는 이유도 여기에 있다. 피아노 학원 원장이 대한민국을 대표하는 강사가 되고, 정신과 의사가 여러 방송 프로그램의 진행자가 되며, 스포츠 스타들이 은퇴 후 예능 프로그램에서 제2의 전성기를 누리는 장면을 우리는 자주 본다.

이들의 공통점은 하나다. 자신의 이야기를 말로 설득할 수 있다는 것이다. 아나운서는 기본적으로 발성과 발음 훈련이 되어 있어 다른 영역으로의 확장성이 매우 크다. 강사는 그 대표적인 분야다. 전달력만 놓고 본다면 누구보다 앞서 있을 수 있다. 아무리 훌륭한 콘텐츠를 가진 강사라 해도 목소리가 작거나 발음이 불분명해 전달력이 떨어진다면 강의는 힘을 잃는다. 반대로, 아나운서는 좋은 콘텐츠만 갖춘다면 강사로 성장할 가능성이 매우 높다.

이호선 상담가의 강의를 들은 적이 있다. 강의 도중 그는 이렇게 말했다.

"저는 발음이 정확한 편입니다. 짧은 시간 안에 많은 내용을 전달하기 위해 굉장히 빠른 속도로 말할 건데 걱정하지 마세요. 발음이 정확해서 빨라도 다 알아들으실 겁니다."

실제로 속도는 빨랐지만 내용은 또렷하게 전달됐다. 덕분에 강의는 지루할 틈 없이 집중력을 유지할 수 있었다. 잘 들리지 않는 강의를 듣기 위해 귀를 기울이다 보면 쉽게 피로해지고, 결국 중간에 듣기를 포기하게 되는 경험을 누구나 한 번쯤은 해 봤을 것이다. 정확한 발음은 강의의 몰입도를 결정짓는 중요한 요소다.

MC는 구조적으로 불안정한 프리랜서 직업이다. 그래서 자연스럽게 여러 일을 병행하게 된다. 나 역시 MC로 어느 정도 자리를 잡은 뒤, 보다 안정적인 미래를 고민하며 강사의 길을 떠올리게 됐다. 남들 앞에 서서 말하는 일 자체는 어렵지 않았다. 이미 절반은 해결된 셈이었다. 하지만 방송과 강의 사이에는 분명한 차이가 존재한다. 교사자격증을 가지고 기간제 교사로 학생들을 가르친 경험이 있지만, 교사와 강사 역시 비슷해 보이면서도 본질적으로 다르다. 강사는 아나운서로 일하던 나를 한 단계 더 성장하게 만든 영역이었다.

누군가에게 정보를 전달하는 일은 경험과 축적된 지식이 전제되어야 한다. 강의 대상에 따라 눈높이를 맞추고, 빠르게 변화하는 시대의 흐름과 트렌드를 읽어 내는 감각도 필요하다. 강사는 자연스럽게 세상에 더 많은 관심을 가지게 되고, 스스로 멈추지 않기 위해 공부하게 된다. 강의는 결국, 자신을 끊임없이 성장시키는 직업이다.

아나운서로 키운 말의 기술은 강사라는 직업에서 인생의 새로운 자산이 되어 주고 나이가 들수록 사라지고 불안해지는 직업이 아니라 시간이 지날수록 단단해지는 직업으로 만들어 주었다.

프레젠테이션 스킬의 1인자, 애플의 스티브 잡스가 제시한 10계명

주제를 정하라.

열정을 보여 주어라.

 마이크 앞에 서고 싶은 당신에게

개략적인 구성을 해라.

숫자에 의미를 부여하라.

잊지 못할 순간을 만들어라.

비주얼을 만들어라.

쇼를 제공하라.

조그만 실수에 당황하지 말라.

제품이 아닌 효용을 팔도록 해라.

리허설을 반복해라.

세상을 보는 눈

사람과 소통하는 일에는 세상을 보는 눈, '사람을 다루는 감각'이 있어야 한다. 결국 이 일은 소통의 일이다. 대본이 있는 아나운서도 함께 진행하는 사람의 답변을 듣고 질문을 바꾸거나 이미 답이 나왔다면 대본의 질문을 과감히 넘길 줄 알아야 한다. MC 역시 마찬가지다. 준비된 시나리오가 있더라도 분위기에 따라 차분하게,

혹은 더 밝게 조정해야 하고, 필요하다면 시나리오에 없던 즉흥 인터뷰나 상황 연출을 만들어 내기도 한다. 강사 또한 눈빛과 리액션을 통해 청중이 이해하고 있는지, 지루해하는지, 집중하고 있는지를 읽어야 한다. 그 감각에 따라 즉각적인 변주가 가능해야 한다.

이런 감각은 연습만으로 만들어지기 어렵다. 현장 경험과 사람에 대한 지속적인 관심이 쌓여야 비로소 생긴다. 방송 인터뷰를 하다 보면 상대방의 답변이 너무 짧거나 반대로 너무 길어 곤란한 경우가 있다. 이때 질문의 유형을 바꿔 자연스럽게 조절해야 한다. "시간이 충분하니 편하게 말씀해 달라"거나, "시청자들이 궁금해할 핵심만 짚어 달라"는 한 문장으로 흐름을 바꾸는 것이 진행자의 역할이다.

행사 현장에서도 마찬가지다. 내빈의 인사가 길어 관객이 지칠 때, 기분을 상하지 않게 상황을 정리하는 것역시 MC의 몫이다. "뜨거운 태양 아래 개회식이 진행되고 있습니다. 축사하실 분들이 다섯 분인데 2분씩만 말씀을 하셔도 10분 동안 땡볕 아래 있어야 합니다. 시간

    마이크 앞에 서고 싶은 당신에게

조절 잘 부탁드리겠습니다."와 같이 사실과 존중을 동시에 전달할 줄 알아야 한다.

강의 현장에서는 수업에 방해가 되게 떠들거나 돌아다니는 학생을 만난다. 그 행동의 이유를 먼저 읽고 대응하는 것이 중요하다. 관심을 원해서인지, 집중력이 부족한 것인지, 그 순간 감정이 불편한 것인지를 구분할 수 있을 때 강의는 흐트러지지 않는다.

사람 앞에 서고 무대 앞에 서는 모든 직업에서, 나는 주인공이 아니다. 나를 바라보는 사람들이 주인공이다. 그 주인공들과 얼마나 잘 소통하느냐에 따라 아나운서, MC, 강사의 실력은 결정된다.

무대 위 강사,
실전 노하우 방출

사전 설계

수많은 강사 가운데, 이름만 들어도 바로 떠오르는 인물을 꼽으라면 김미경 강사를 빼놓을 수 없다. 요즘은 오프라인 강의뿐 아니라 유튜브를 통해서도 자신의 생각과 경험을 꾸준히 나누고 있다. 강의를 준비하며 김미경 강사의 유튜브와 책을 통해 많은 공부를 했는데, 그중 가장 오래 남은 말이 있다.

"강의는 오늘 만드는 게 아니라, 살면서 계속 준비해 온 게 어느 날 무대에서 나오는 거예요."

이 말은 곧 우리의 삶 자체가 강의의 재료가 될 수 있다는 의미로 다가왔다. 김미경 강사의 강의를 듣다 보면 유난히 많은 에피소드가 등장한다. 그 이야기들을 따라가다 보면 어느 순간 웃다가, 또 어느 순간 울게 된다. 그 이유는 분명하다. 인위적으로 만들어 낸 사례가 아니라, 실제로 살아 낸 이야기이기 때문이다. 그는 이렇게 말한다.

"그때는 그냥 내 인생이었는데, 나중에 보니 강의가 되더라고요."

삶 속에서 겪은 수많은 경험을 그대로 늘어놓는 것이 아니라, 그중에서 강의 주제와 청중의 상황에 맞는 이야기가 연결되는 순간, 에피소드가 된다는 뜻이다. 결국 강의 준비란 삶 속의 이야기들을 무작정 모으는 일이 아니라, 그중에서 선택하고, 각색하고, 주제와 연결시키는 작업이다.

김미경 강사는 새로운 강의 주제를 준비할 때 최소 몇 달의 시간이 필요하다고 여러 차례 밝힌 바 있다. 단 한두 시간짜리 강의를 위해서도, 그 이전에 수개월에 걸친 사전 설계가 이뤄진다는 것이다. 무대 위에서 자연스럽게 흘러가는 한마디, 한 에피소드 뒤에는 이미 오래전부터 축적해 온 삶의 경험과 치밀한 준비가 숨어 있다.

강의의 출발은 청중이다

사전 설계의 첫 단계는 청중에 대한 사전 분석이다. 이 강의를 누가 듣는가, 이 사람들은 왜 이 강의를 듣는가, 강의가 끝난 뒤 무엇을 할 수 있으면 성공인가에 대한 청중의 상태 진단이 우선되어야 한다. 오늘 청중의 나이/직업/역할, 지금 가장 궁금한 것과 관심사 등을 파악하면 강의의 말투, 예시, 속도는 완전히 달라지게 되고 만족도를 높일 수 있다.

강의 목표: '많이 알려 주기'가 아니라 '하나를 남기기'

사전 설계에서 가장 위험한 것이 욕심이다. '이것도 알려 주고, 저것도 알려 주고' 싶다는 마음으로 욕심을 부리면 오히려 남는 것이 없는 강의가 될 수 있다. 실전 강사는 목표를 이렇게 설정한다. '이 강의가 끝난 뒤 이 사람들의 머릿속에 딱 한 문장만 남긴다면?' 그 한 문장이

　　　　　　　　마이크 앞에 서고 싶은 당신에게

강의 제목이 되고 오프닝이 되고 클로징이 된다.

사전 설계 단계에서 두루뭉술한 주제보다는 핵심 메시지 한 문장이 정리되어야 이 강의의 청중, 주제, 이야기가 하나로 선명해진다.

시간 설계는 '분량'이 아니라 '집중 곡선'이다

강의에는 집중이 떨어지는 지점이 있다. 그 지점을 계산하여 설계해야 한다. 1시간의 강의라면 일반적인 집중 흐름은 이렇다.

▷ 시작 후 7~10분: 최고 집중

▷ 20분 전후: 첫 이탈

▷ 40분 전후: 체력 · 집중 급감

그래서 사전 설계에서는 첫 10분에 메시지의 방향을 제시하고 20분 지점에 사례 · 질문 · 공감 포인트를 넣고 마지막엔 요약이 아니라 행동 유도를 둔다. 강의는 설명이 아니라 집중을 다시 끌어오는 설계다.

자료는 '보여 주기용'이 아니라 '말을 줄이기 위한 도구'

사전 설계가 잘된 강의의 특징은 자료가 많지 않다는 점이다. 슬라이드는 설명을 대신하는 게 아니라 강사가 말을 덜 하게 만드는 장치다.

실전 강사 기준 슬라이드 설계 원칙

▷ 한 장 = 한 메시지

▷ 글보다 구조(화살표, 대비, 순서)

▷ 말하게 만드는 단어

사전 설계 단계에서 '이 슬라이드를 보며 설명하는 것이 아니라 내가 무슨 말을 할지'가 머릿속에 그려지도록 단순화시켜야 한다.

돌발 상황까지 포함하는 것이 '진짜 사전 설계'다.

생방송으로 진행되는 실전 현장에는 늘 변수가 있다. 시작이 지연되거나, 앞 행사가 늘어진다거나, 청중 반응이 예상보다 없다거나, 질문이 쏟아진다거나…….

　　　　　마이크 앞에 서고 싶은 당신에게

그래서 사전 설계에는 플랜 B, 플랜 C가 반드시 포함된다. '시간이 10분 줄었을 때 버릴 파트', '반응이 없을 때 던질 질문', '분위기를 풀 수 있는 개인 경험'과 같은 플랜들을 세워 두면 변수에 대한 두려움을 완화할 수 있다.

이 준비가 강사를 당황하지 않는 사람으로 만든다. 강의 전, 다음의 체크리스트만 통과한다면 이미 강의의 70%는 완성된 상태라고 볼 수 있다.

사전 설계 체크리스트(실전용)

구분	항목	체크
청중 분석	청중을 한 문장으로 설명할 수 있는가.	☐
핵심 기획	강의 핵심 메시지 한 문장이 있는가.	☐
도입 설계	첫 10분 멘트가 정리되어 있는가.	☐
강의 운영	집중이 떨어질 구간에 장치가 있는가.	☐
시간 조율	시간이 줄어들 때 뺄 수 있는 파트가 있는가.	☐

강사는 무대 위에서 말로 승부하는 사람이 아니라 무대에 오르기 전, 설계로 이미 이긴 사람이다. 그래서 강의의 완성도는 무대 위에서 결정되지 않는다. 사전 설계는 단순한 준비 과정이 아니라, 강의의 절반 이상을 이미 끝내는 일이다.

'어떤 이야기를 할 것인가'보다 중요한 것은 '어떤 삶의 장면을 꺼내, 어떤 청중에게, 어떤 질문으로 연결할 것인가'를 미리 정하는 것이다. 김미경 강사의 강의가 오래 기억되는 이유도 여기에 있다. 강의 전에 이미 방향과 메시지가 설계되어 있기 때문이다. 사전 설계가 탄탄한 강의는 현장에서 흔들리지 않고, 그 설계가 없는 강의는 아무리 유창해도 기억에 남지 않는다. 결국 강사의 실력은 말하는 기술보다 무대에 오르기 전, 얼마나 깊이 생각했는가에서 갈린다.

 마이크 앞에 서고 싶은 당신에게

얼마 전 'AI를 활용한 강의 기법'에 대한 수업을 들은 적이 있다. 그때 한 수강생이 강사에게 질문했다.

"컴퓨터도 잘하시고, AI 공부도 정말 많이 하셔야 할 것 같은데 이렇게 빠르게 변하는 AI 시대에 AI 강의를 하실 수 있는 비결이 무엇인가요?"

이에 대한 강사의 답변은 의외로 간단했다.

"제가 특별히 더 잘하고 더 많이 공부해서가 아닙니다. 다만 최근의 AI 트렌드를 여러분보다 조금 더 빨리 읽고, 조금 더 먼저 공부해서 전해드릴 뿐이에요."

이 짧은 대답은 강사에게 가장 중요한 능력이 무엇인지 분명하게 보여 준다. 요즘 강사 단체나 각종 협회를 들여다보면 공통된 움직임이 보인다. AI 관련 강사를 모집하고, 단기간 교육 과정을 만들며, 지역 본부장·전문 강사라는 타이틀을 내걸어 조직을 빠르게 확장하는 것. 불과 몇 달 전까지만 해도 보기 어려웠던 풍경이다. 이 현상은 단순한 유행이 아니라, 시대의 변화에 따라 강사에게 요구되는 역할과 역량이 달라지고 있다는 신호다. 트렌드가 바뀌면, 그 트렌드에 맞춰 필요한 강사의 스킬 역시 함께 변한다.

이는 강사의 경쟁력이 기술 그 자체가 아니라, 변화를 먼저 감지하고 해석하는 눈에 있다는 것을 알려 준다. 세상을 보는 눈을 넓히고, 최근의 흐름을 남들보다 한발 먼저 읽어 변화에 맞게 자신의 강의를 바꿔 가는 것, 이 또한 강사가 반드시 갖춰야 할 중요한 역량이다.

남들 앞에 서서 말을 하는 사람이라면 누구나 그렇다. 아무리 내용이 좋아도, 아무리 말이 논리적이어도 예시 가 오래되면 강의는 그 순간 멈춰 버린다. 트렌드를 읽 지 못한 강의는 청중의 오늘과 연결되지 못한 채 과거에 머무르게 된다. 사람들은 '맞는 말'보다 '지금 내 얘기 같 은 말'에 반응하기 때문이다.

강의에서 트렌드를 읽는다는 것은 유행어를 끼워 넣 거나 최신 뉴스를 나열하는 일이 아니다. 사람들이 살아 가는 방식이 어떻게 바뀌었는지도 잘 읽어 내는 일이다. 스피치 강의를 예로 들어보자. 예전의 스피치는 무대 위

 마이크 앞에 서고 싶은 당신에게

의 말이었다. 마이크를 잡고, 많은 사람 앞에서, 또렷하게 전달하는 말. 그래서 스피치 강의의 핵심도 발성, 발음, 제스처였다.

그렇다면 지금 사람들이 가장 많이 말을 해야 하는 공간은 어디일까. 큰 강당이나 무대보다 화면 앞이고 '카메라 앞'이다. 줌 회의, 영상 발표, 유튜브, 쇼트폼, 단체 채팅방. 말의 무대가 바뀌었다. 멀리 던지는 말보다 가까이 건네는 말이 필요해진 것이다. 강사라면 조회수 높은 유튜버나 쇼트폼, 인터뷰를 보면서 왜 사람들이 반응하고 공감이 높은지 트렌드의 단서를 찾아야 한다. 요즘 스피치 강의장에서 이런 질문을 많이 받는다.

"친구들하고는 말은 잘하는데 공식적인 자리에서는 말을 못 하겠어요."

"괜한 말 한마디 잘못했다가 녹음되고 문자로 박제되어 뒷일 생길까 봐 무서워요."

"카톡으로 말하기는 편한데 직접 통화하거나 만나서 말하는 게 힘들어요."

이 질문들이 바로 지금 시대의 스피치 트렌드다. 사람

3장 강사의 세계

들은 더 이상 '어떻게 잘 말할까'보다 '어떻게 하면 덜 불편하게 말할 수 있을까'를 고민한다. 그래서 강사가 트렌드를 읽기 위해 가장 먼저 해야 할 일은 현장에서 반복되는 질문을 놓치지 않는 것이 중요하다.

'왜 요즘 사람들은 공식적인 말하기에 겁을 낼까.'

'왜 말 한마디 실수할까 봐 걱정할까.'

'왜 글보다 말이 더 힘들까.'

이 질문들이 쌓이면 강의의 방향도 트렌드에 맞게 자연스럽게 바뀐다. 말하기 기술 이전에 심리 언어에 대한 이해도 필요해졌다. 트렌드를 읽는다는 것의 진짜 의미는 앞서가는 사람이 아니라 조금 먼저 변화를 알아차리는 것이다.

그래서 트렌드를 읽는다는 것은 새로운 기술을 어렵게 배우는 일이 아니라 사람들의 마음이 어디로 이동하고 있는지를 읽고 먼저 경험하는 일이다. 최신 트렌드로 예시가 바뀌고, 질문이 바뀌고, 강의의 중심이 바뀔 때 그 강의는 '요즘 강의'가 된다. 그리고 그 차이는 청중이 가장 먼저 알아본다. 따라서 트렌드를 읽는다는 것은 새로운 말을 배우는 일이 아니라, 사람들의 변한 마음을 먼저 이해하는 일이다.

만족도를 높여라

요즘 강의는 강의실 문을 나서는 순간 끝나지 않는다. 강의가 끝나면 수강생들은 만족도 조사를 통해 강사를 평가한다. 그래서 강의를 잘했는지 못했는지만큼이나, 수강생들이 어떤 부분에 높은 점수를 주었는지가 중요해졌다. 그 결과는 다음 강의 섭외와 재계약까지 영향을 미치기 때문에 만족도 관리는 강사의 현실적인 과제가 되었다.

성인들은 대개 후한 평가를 하는 경우가 많다. 그에 비해 솔직한 평가를 하는 학생들의 만족도를 들여다보면 흥미롭고 당황스러운 내용을 자주 마주한다.

긍정 평가	부정 평가
• 맛있는 간식을 줘서 좋았다.	• 나는 ○○ 사랑이 더 좋아요.
• 재밌어서 시간이 너무 빨리 갔다.	• 쉬는 시간 길게 주세요.
• 강사님이 예쁘고 친절해서 좋았다.	• 게임만 하면 좋겠다.
• 강사님이 착하다.	• 내가 져서 재미없었다.
• 내가 게임에서 1등 해서 좋았다.	• 내용을 이해하기 어려워요.
• 게임으로 배워서 이해가 쉬웠다.	• 다 아는 내용이라 재미없었어요.
• 이해하기 쉽게 알려 주셔서 고맙습니다.	• 자세한 설명이 없어서 아쉽다.
• 너무 재밌어요. 다음에도 와 주세요.	• 체육 시간에는 특강 안 하면 좋겠다.
• 실생활에 도움이 되는 교육이었어요.	• 떠드는 애들 조용히 시켜 주세요.

강의 만족도 안에는 강사로서 살아남을 수 있는 진짜 답이 들어 있다. 학생들의 평가 내용을 분석해 보면 몇 가지 핵심적인 지점을 발견할 수 있다.

마이크 앞에 서고 싶은 당신에게

첫째, 학생들은 게임을 좋아하지만 승패에 민감하다. 승패 위주의 게임은 패자에게 소외감을 줄 수 있다. 따라서 게임 후에는 승패가 중요한 것이 아니라는 의미 부여가 반드시 필요하다. 팀전의 협동이나 참여도 등에 따라 별도의 부상을 마련하여 모두를 포용하는 것이 좋다.

둘째, 간식 하나에도 학생들은 민감하다. "사탕이 맛없어요."라는 반응은 단순한 투정이 아니다. 요즘 트렌드를 반영한 간식을 준비하거나 아이들의 눈높이를 맞추려는 세심한 노력이 필요하다.

셋째, 학생들의 지식 편차가 크다는 점을 직시해야 한다. 모든 학생의 수준을 완벽히 맞출 수는 없다. 하지만 강의 시작 전 퀴즈나 질문을 통해 그 학급의 수준을 빠르게 읽고, 그에 맞춰 난이도를 실시간으로 조절해야 한다.

넷째, 강의 시간이나 수업 분위기 등 외적인 부분도 만족도에 그대로 반영된다. 강사는 단순히 잘 가르치는 것만 중요한 것이 아니다. 만족도 데이터를 통해 청중의 눈높이에서 공감하고 맞춰 갈 때, 비로소 다시 찾고 싶은 강사가 될 수 있다.

만족도 안에는 요즘 강의 환경이 강사에게 요구하는 기준도 고스란히 담겨 있다. 아나운서 출신인 나의 만족도 조사에는 '친절하다', '쉽게 설명해 준다'는 평가가 자주 등장한다. 이 역시 학생들이 강의를 통해 무엇을 '배웠는가'보다 강의를 듣는 동안 얼마나 편안했는지를 먼저 평가하고 있다는 증거다. 그래서 만족도 조사는 강의의 깊이를 재는 잣대라기보다, 강의를 듣는 동안 얼마나 불편하지 않았는지를 묻는 질문에 가깝다.

아이들은 '많이 배웠다'보다 '존중받았다', '편안했다'는 감정을 먼저 기억한다. 따라서 강의 내용이 아무리 탄탄해도 강사의 태도가 날카로웠다면 만족도는 낮아진다. 예를 들어 같은 상황에서도 반응은 달라진다. 떠드는 아이들에게 "조용히 해!"라고 말하는 강사와 "이 이야기, 너희한테 꼭 해 주고 싶은데 잠깐만 집중해 줄래?"라고 말하는 강사. 전자는 통제하고, 후자는 존중한다. 아이들은 이 차이를 정확히 느낀다.

만족도를 높이기 위해 간식을 주는 강사도 많다. 하지

　　　　　　　　　　　　　마이크 앞에 서고 싶은 당신에게

만 아이들이 기억하는 것은 간식 그 자체가 아니라 '나를 배려해 줬다'는 느낌이다. 쉬는 시간을 지켜 주고, 질문을 끝까지 들어주고, 말하지 않는 학생에게도 눈길을 주는 순간들이 간식보다 오래 남는다.

그렇다고 만족도를 위해 강의의 중심까지 내려놓을 필요는 없다. 분위기를 맞추느라 중요한 이야기를 피하고, 좋은 점수에만 신경 쓰는 강의는 잠시 편할 수는 있어도 기억에 오래 남지 않는다. 만족도는 목표가 아니라 결과다.

강의의 마지막 5분이 유독 중요해진 것도 같은 이유다. 그래서 만족도 조사 전에 아이들이 좋아하는 게임을 하거나, 좋아하는 아이돌 영상을 보여 주거나, 마치기 전에 간식을 제공하는 경우도 있다. 만족도를 높이기 위한 강사들의 노하우가 담긴 다양한 팁일 것이다.

목표보다 좋은 결과를 추구한다면 오늘의 이야기를 한 문장으로 정리해 주고, "이 정도만 기억해도 충분하다"고 말해 주는 강사, 끝까지·잘 들어줘서 고맙다고 인사하는 강사에게 아이들은 좋은 점수를 준다. 그 강의가 특별해서가 아니라, 자신을 존중해 주었다고 느꼈기 때문이다.

결국 만족도를 높이는 강의란 잘 보이려는 강의가 아니라 잘 이해받았다고 느끼게 하는 강의다. 강사의 태도가 바뀌면 만족도는 자연스럽게 따라온다.

만족도 문항을 거꾸로 활용한 강사 자가 점검 체크리스트

구분	항목	체크
분위기 조성	강의 시작 5분 안에 학생들의 긴장을 풀어 주는 분위기를 만들었는가.	☐
강의 윤리	학생을 다그치거나 비교하는 말 없이 수업을 운영했는가.	☐
음성 전달	목소리 톤과 말 속도가 듣기에 부담스럽지 않았는가.	☐
시각 전달	표정과 제스처가 강의 내용과 어울리고 자연스러웠는가.	☐
강의 관리	떠드는 학생을 공개적으로 망신 주지 않고 대응했는가.	☐

공감과 사례	학생들이 공감할 수 있는 '요즘 예시'를 사용했는가.	☐
흐름 조절	집중도가 떨어질 때 강의 흐름을 한 번 이상 조절했는가.	☐
상호 작용	질문이나 반응에 성의 있게 응답했는가.	☐
핵심 정리	마무리에서 오늘 강의의 핵심을 분명히 정리해 주었는가.	☐
자기 성찰	내가 학생이라면 이 강의를 다시 듣고 싶을까.	☐

※ 체크 7개 이상 → 강의 환경 만족도 '안정권'

※ 체크 5~6개 → 다음 강의에서 2가지만 즉시 수정

※ 체크 4개 이하 → 내용보다 '태도·방식'부터 점검 필요

강의 기획서 예시

　다음은 스피치 관련 강의 요청을 받고 직접 작성해 진행한 강의 기획서이다. 강의 기획서는 강사의 제안 방향에 따라 자유롭게 구성하기도 하지만, 많은 경우 해당 기관에서 요청하는 지정 양식에 맞춰 작성해야 한다. 이 기획서는 기관에서 제공한 양식에 맞추어 작성한 실제 예시로, 현장 요구와 강의 목적을 어떻게 반영했는지를 보여 준다.

과정 구분	학습 시간	강의 기간	요일	강사명
면접 스피치 (실전형)	4시간 (이론+실습)	조정 가능		김선영
과정명	면접 한방에 붙는 법			
교육 대상	면접을 앞두고 있거나 재도전을 준비 중인 수강생		모집 정원	10~20명

교육 목표	1. 면접에서 요구되는 '답변의 구조'를 이해하고 적용할 수 있다. 2. 자신의 경험을 면접 언어로 재구성하여 말할 수 있다. 3. 실전 면접 상황에서도 흔들리지 않게 답변을 전달할 수 있다.
비고	교육생 준비 사항: 필기도구, 1분 자기소개서(발표), 실전 모의 면접

강의 계획			
주차별	학습 일자	학습 및 실습 내용	시 수
1	2시간 (이론)	1. 목소리 전략 – 자신감 있는 목소리 – 정확한 전달력 2. 화법 전략 – 'A–B–A' 화법 (Answer → Background → Answer) – 스토리 설계 3. 태도 전략 – 복장, 이미지, 시선 처리 4. 자기소개 리빌딩 – 자기소개서 설계 – 발표 실습 및 강사 피드백 – 영상 촬영 → 객관적 자기 인식	2시간

| 2 | 2시간
(실습) | 1. 실전 모의 면접
– 1:1 또는 그룹 모의 면접
– 즉흥 질문 대응 훈련

2. 피드백
– 강사 피드백 + 동료 피드백
– 개인별 보완 포인트 정리

3. 실제 면접 적용 체크리스트 제공 | 2시간 |

　기관에 따라서는 강의 후 강사의 수업 일지를 통해 강의 평가서를 요구하기도 한다. 다음은 강의 평가서의 예시 자료다.

취업 대비 면접 특강		강사 서명	
일자	○○년 ○월 ○일	지도교사	김선영
장소	평생직업교육관		

　　　　　　　　　　마이크 앞에 서고 싶은 당신에게

<table>
<tr><td colspan="2" align="center">수업 목표 및 수업 활동과 평가</td></tr>
<tr><td>수업
목표</td><td>- 면접 스피치 전략을 수립해 자신감을 향상시킬 수 있다.
- 질문의 모범 답안 사례를 통해 자신의 답안을 말할 수 있다.</td></tr>
<tr><td>교육
내용</td><td>- 면접 스피치 전략: 시각(이미지), 청각(목소리, 발성, 발음), 내용(답변 내용)
- BEST 답변 사례 공유 및 자기소개서 작성</td></tr>
<tr><td>강의
과목</td><td>면접 한방에 붙는 법</td></tr>
<tr><td>수업
활동

및

교육
평가</td><td>1. 메라비언의 법칙: 시각 〉 청각 〉 내용을 적용하여 면접 전략 수립
- 이미지(용모, 복장, 표정, 자세)
- 목소리(발성, 복식호흡, 발음)
- 내용(답변 Best & Worst 사례)

2. 모범 답안 사례
- 면접 필수 질문의 모범 답안 사례 공유
- 자신만의 모범 답안 작성하기

[교육 개요 및 성과]
본 과정은 스피치와 면접의 본질적인 중요성을 고찰하고, 성공적인 스피치를 결정짓는 '주요 3요소'를 중심으로 진행함. 특히 국내외 스피치 달인들의 풍부한 사례 분석과 시각 자료를 활용해 실전에서 즉각 활용 가능한 면접 전략을 공유함.</td></tr>
</table>

수업 활동 및 교육 평가	[실습 및 피드백] 실전 테스트에서는 학습자 개별 스피치를 영상으로 기록하여, 강점은 극대화하고 약점은 보완할 수 있는 1:1 맞춤형 피드백을 제공함. [향후 과제] 스피치 역량은 단기간의 지식 습득보다 '지속적인 훈련'을 통한 체득이 핵심임. 교육생들은 이번 실습에서 도출된 피드백 리포트와 본인의 촬영 영상을 면밀히 분석하여, 일상 속에서도 끊임없는 자기 객관화와 개선 노력을 이어가야 함.

다음은 KDI 경제 교육 전문 강사 인증 실기시험 응시를 위해 제출한 강의 기획서이다. 정확한 강의 시간과 대상을 설정해 수준별 강의로 구성했으며, 도입-전개-결론의 흐름과 시간 배분의 적절성에 대해 전문 심사 위원들의 긍정적인 피드백을 받은 사례다.

강의명	쓸수록 돈이 모이는 가계부	시간	1차시 (40분)
대상	초등학교 4학년	수업 방법	강의식, 활동

경제 개념	가계부 (용돈 기입장)			
학습 자료 (출처)	PPT, 영상 자료(금쪽이 경제교실), 생활비 카드, 가계부(용돈 기입장), 필기구			

단계	학습 과정	교수 · 학습활동	시간	자료 및 지도상 유의점
도입	동기 유발	■ 가계부에 대한 퀴즈 문제를 통해 수업을 시작한다. **[가계부 OX 퀴즈]** – 가계부는 돈을 버는 어른들이 쓰는 것이다. (X) – 가계부를 안 쓰면 내 돈이 어디로 갔는지 모른다. (O) – 친구에게 받은 생일 선물은 수입에 해당한다. (X)	5분	
	학습 목표 제시	■ 학습 목표를 안내하고 오늘 활동을 설명한다. – 용돈 기입장 쓰는 요령을 학습한 뒤 4~5명씩 모둠을 구성한다. – 카드 게임을 통해 가계부 작성 방법과 용돈 관리법을 배울 수 있도록 지도한다.		

3장 강사의 세계

전개	수업 활동 (내용 설명)	■ 영상 시청을 통해 가계부 쓰기 중요성을 학습한다. - 금쪽이 경제교실_내 용돈 어디로 갔을까? ■ 가계부의 필요성 이해하기 **[가계부를 안 쓰면?]** - 돈이 어디로 사라졌는지 모른다. 　내 돈 다 어디 갔지? - 충동구매가 습관이 된다. 　후회와 후폭풍 - 미래 필요한 돈을 준비하기 어렵다. - 경제 감각이 생기지 않는다. 　어디에 얼마를 써야 하지? - 소비 습관이 안 생긴다. ■ 생활비 카드 게임 + 가계부 작성 - 4~5명으로 모둠을 구성한다. - 팀장을 한 명씩 선정한다. - 용돈 기입장을 나눠 준다. - 카드 5종류를 색깔로 구분하여 나눠 준다. (수입/지출/저축&투자/보너스/비상 상황) - 종류별로 한 장씩 뽑아 내용을 공유하고 각자 용돈 기입장을 작성한다. - 남은 금액을 확인하면서 모둠원 간의 재정 상태를 확인한다. - 게임이 끝나면 모둠별 우승자(잔액이 가장 많은 사람)를 확인한다.	30분	영상 자료 활동지: 가계부 작성법 교육 교구: 생활비 카드

마이크 앞에 서고 싶은 당신에게

| 정리 | 학습
정리
(학습
내용
점검) | ■ 게임 정리_발표
– 우승자가 될 수 있었던 이유?
– 가계부를 쓰며 느낀 점?

■ 수업 마무리
– '가계부는 돈을 지키는 거울
이다'
내가 쓰는 돈의 흐름을 솔직
하게 보여 주는 도구다. 가
계부 작성과 용돈 관리의 중
요성을 강조하며 수업을 마
무리한다. | 5분 | |

다음은 경제 동아리 학생들을 대상으로 경제의 흐름을 직접 체험해 볼 수 있는 프로그램으로 진행한 강의 계획서이다.

학습 목표	경제 개념을 알고 돈의 관리 방법을 익힐 수 있다.	Key Word	경제
학습 요소	경제, 소득, 소비, 저축, 보험, 투자, 용돈 기입장		
학습 자료	PPT, 유인물, 수업 교구, 필기구(학생)		

3장 강사의 세계

학습 과정	교수 · 학습 활동	참고 사항
준비 [5']	■ 인사 & 교육 소개 – 강사 소개 – 아이스 브레이킹 ■ 교육 목표 안내	□ PPT □ 워크북
전개 [50']	■ 경제란? – 돈과 관련한 모든 활동 – 나의 돈 관리 방법은? ■ 돈 관리의 중요성 – 유퀴즈 출연자 사례 소개: 저축과 절약으로 1억 모으기 ■ 모의 경제 실습 – 금융자산관리 기록장 작성하기 – 월급(소득) 벌기: 소득의 종류 알기 – 저축하기: 저축의 종류 – 소비하기: 합리적 vs 비합리적 소비 – 보험 가입: 보험 가입의 필요성 및 종류 – 투자하기: High risk High return (투자의 위험성 고지) – 세금 납부: 소득세 및 세금의 종류 ■ 교구 정리 – 교구 반납 및 우승자 시상	□ PPT □ 수업 교구 □ 유인물
정리 [5']	■ 마무리	

마이크 앞에 서고 싶은 당신에게

강의 기획서는 '잘 가르치는 방법'이 아니라, '이 강의가 왜 필요하고 어떻게 운영될지'를 보여 주는 문서다. 작성 후에는 반드시 평가자와 수강자의 시선으로 다시 점검해 보는 과정이 필요하다.

강의 기획서 작성 시 유의점 체크리스트

구분	항목	체크
강의 대상	**강의 대상이 명확한가** – 연령, 직업, 사전 지식수준이 구체적으로 설정되어 있는가.	☐
	– '누구에게나'가 아니라 '이 사람을 위한 강의'로 보이는가.	☐
강의 목표	**강의 목표가 한 문장으로 설명되는가** – 강의가 끝났을 때 수강자가 무엇을 알게 되고, 무엇을 할 수 있는지가 분명한가.	☐
구조	**도입-전개-결론 구조가 분명한가** – 도입은 관심을 끌고, 전개는 핵심을 전달하며, 결론은 메시지를 정리하는 흐름이 자연스러운가.	☐
시간 배분	**시간 배분이 현실적인가** – 각 단계의 시간이 실제 강의 현장에서 운영 가능한 수준인지 점검했는가.	☐

     3장 강사의 세계

수준	**강의 내용이 대상 수준에 맞는가** – 전문 용어, 사례, 활동 난이도가 수강자의 이해 수준과 맞는가.	☐
목표 달성	**활동 · 사례 · 질문이 목적과 연결되는가** – 단순한 재미 요소가 아니라 강의 목표 달성을 위한 구성인가.	☐
강사 역할	**강사의 역할이 명확한가** – 설명, 질문, 피드백 등 강사가 무엇을 언제 해야 하는지가 드러나는가.	☐
요청 반영	**기관의 요청 사항을 반영했는가** – 지정 양식, 필수 항목, 강조 포인트를 빠짐없이 반영했는가.	☐
가독성	**평가자 관점에서 이해하기 쉬운가** – 처음 보는 사람이 읽어도 강의 장면이 그려지는가.	☐
차별성	**이 강사를 선택해야 할 이유가 보이는가** – 내용뿐 아니라 강사의 강점과 현장 운영 능력이 자연스럽게 드러나는가.	☐

＊

지식은 머리에 남지만, 태도는 삶을 바꾼다. 오늘 당신이 전달한 것은 정보인가, 아니면 누군가의 내일을 바꾸고 싶은 진심인가.

마이크 앞에 서고 싶은 당신에게

4장

"

생생한
리포터의 세계

"

리포터의 매력

이 책의 목차는 시간의 순서이기도 하지만, 직업적 의미의 깊이가 쌓이는 순서이기도 하다. 아나운서, MC, 강사로 이어지는 이야기는 내가 해 온 일의 흐름이다. 그리고 리포터는 가장 뒤에 두었다. 제일 처음에 시작한 일이지만 마지막에 이야기하는 이유는 가장 많은 것을 배웠고, 모두를 지나온 뒤에야 가장 큰 영향력을 준 일이 리포터라는 것을 비로소 알았기 때문이다. 이제 그 이야기를 하려고 한다.

방송 현장에 처음 투입되어 그 세계를 제대로 맛보게 된 계기는 대학 시절 라디오 리포터 경험이었다. 수업이 비는 시간마다 녹음기를 둘러메고 취재 현장으로 달려갔

마이크 앞에 서고 싶은 당신에게

다. 현장에서 얻은 이야기와 인터뷰 내용을 직접 구성해 방송 원고를 쓰고, 녹음된 오디오를 편집하고, 스튜디오 생방송까지 혼자 책임지는 1인 다역의 역할을 해내야 했다. 지금 무대에서 다양한 일을 하고 있지만, 그중에서도 리포터로 활동하며 현장감과 애드리브, 소통의 기본기를 가장 많이 배웠다고 말할 수 있다.

"현장에 나가 있는 김선영 리포터, 전해 주시죠."

리포터는 발로 뛰는 현장의 대변인이다. 스튜디오 밖에서 들리는 소리, 느껴지는 분위기, 사람들의 표정을 대신 전한다. 시청자와 청취자가 궁금해할 질문을 대신 던지고, 보고 느낀 것을 말로 풀어낸다. 첫 현장에 섰을 때의 긴장감과 생동감, 그 감각이 리포터라는 직업의 출발점이다.

리포터의 하루는 늘 새롭다. 축제와 재난 현장, 전통시장, 특별할 것 없어 보이지만 저마다의 사연을 지닌 사람들의 일상까지 취재 대상은 예측할 수 없다. 반복되는 루틴이 아니라, 경험이 쌓일수록 시야가 넓어지는 직업이다. 그 과정에서 많은 사람 앞에서도 흔들리지 않고

    4장 생생한 리포터의 세계

설 수 있는 힘을 자연스럽게 기르게 된다.

겉으로 보기에는 말을 잘해야 하는 직업 같지만, 리포터에게 더 중요한 능력은 질문이다. 짧은 시간 안에 방송에 필요한 핵심을 끌어내기 위해서는 상대를 편안하게 만드는 태도가 먼저다. 리포터는 스스로를 드러내는 존재가 아니라, 상대를 주인공으로 세우는 사람이다. 화려한 멘트보다 진짜 이야기를 꺼내는 힘이 리포터의 경쟁력이다.

지금도 내가 직접 취재했던 현장의 소리가 유난히 또렷하게 떠오르는 날이 있다. 작은 시골 초등학교에서 숲 체험 수업이 열린다는 소식을 듣고 취재를 갔던 날이었다. 여름의 한가운데였다. 아이들은 학교 뒤편 산을 이리저리 뛰어다니며 웃고, 떠들고, 숨 가쁘게 자연을 만지고 있었다. 나는 그 천진난만하고 꾸밈없는 소리를 그대로 담고 싶었다. 한 학생에게 이렇게 물었다.

"숲에서 들을 수 있는 여름 소리가 있을까요?"

잠시도 망설이지 않고 아이는 대답했다.

"네, 있어요. 맴맴맴맴맴~"

마이크 앞에 서고 싶은 당신에게

직접 매미 소리를 흉내 내며 들려준 그 목소리는 너무도 귀엽고 생생했다. 방송이 나간 뒤, 스튜디오에 있던 사람들이 모두 웃음을 터뜨리며 "현장 소리가 정말 살아 있다"고 칭찬해 주던 장면이 아직도 선명하다.

또 하나 잊히지 않는 순간은 농번기 수확 철 취재였다. 분주한 현장의 움직임, 농민들의 땀과 숨소리, 일손이 바쁜 가운데 오가는 짧은 대화들을 담기 위해 하루 종일 현장을 누볐다. 일을 마치고 잠시 쉬는 시간, 막걸리 한 잔을 기울이던 농민 한 분이 갑자기 구수한 노동요를 부르기 시작했다. 어디서 들어 본 적 없는 노래였다. 즉석에서 만든 자작곡 같기도 했고, 오래전부터 내려온 민요처럼 느껴지기도 했다. 나는 그 소리를 놓치지 않고 그대로 담아 방송에 소개했다. 방송 후 그 노래를 다시 듣고 싶다며 방송사로 문의 전화가 왔다는 것이다. 현장에서 우연히 만난 한 사람의 목소리가 누군가에게는 깊은 인상을 남긴 순간이었다.

이런 경험을 할 때마다 느낀다. 현장에는 언제나 답이 있다. 그리고 그 답은 종종 말보다 소리로, 설명보다 순간으로 숨어 있다. 리포터의 일은 이미 준비된 이야기를 전달하는 것이 아니라, 현장 속에 숨어 있는 보물 같은 이야기를 발견해 꺼내 오는 일이다. 그래서 리포터는 늘 현장으로 간다. 그곳에만 존재하는 살아 있는 목소리를 믿기 때문이다.

이처럼 수많은 사람을 만나며 인터뷰를 하는 리포터는 자연스럽게 사람 공부를 하게 된다. 각기 다른 성격과 말의 속도, 감정의 결을 읽으며 소통하는 법을 배운다. 그 과정에서 세상을 이해하는 감각이 자라고, 결국 리포터의 실력은 사람을 대하는 태도에서 완성된다.

지금 MC로서 생방송 현장을 운영하는 능력 역시, 어린 시절부터 몸으로 익힌 리포터의 현장감에서 비롯되었다고 생각한다. 현장은 늘 예측 불가다. 돌발 상황과 갑작스러운 변수 속에서 리포터는 즉각 판단하고 대응해야 한다. 한순간의 실수는 방송 사고로 이어질 수 있고, 센스 있는 판단은 현장의 분위기를 단번에 살려 낸다. 현장을 읽고, 그 안에서 매 순간 새로운 선택을 해야 하는 직업. 방송쟁이의 감각과 센스를 키우는 데 리포터만큼

     마이크 앞에 서고 싶은 당신에게

좋은 훈련장은 드물다. 다만, 배울 것이 많은 만큼 결코 쉽지 않은 일이라는 점도 분명하다.

요즘 방송사 리포터 모집 공고는 수시로 올라온다. 내가 몸담고 있던 방송사 얘기를 들어 보면 현장 취재 리포터로 시작해 1년을 채우는 경우가 많지 않다. 일정은 불규칙하고, 체력 소모는 크며, 매번 처음 만나는 사람과 상황 앞에서 스스로를 증명해야 한다. 매일 반복되는 섭외, 이동과 대기, 예측할 수 없는 변수들이 이어진다.

그럼에도 불구하고 이 일을 견뎌 낸 사람은 다르다. 현장에서 단련된 감각은 쉽게 사라지지 않는다. 질문하는 법을 배우고, 듣는 태도를 익히며, 한순간의 소리를 놓치지 않는 집중력이 몸에 남는다. 그래서 리포터 경험은 단기간에 끝나더라도, 그 시간이 남긴 자산은 오래간다. 버틴 사람만이 얻는 배움이 분명히 존재하기 때문이다.

    4장 생생한 리포터의 세계

아나운서와 리포터의 벽

아나운서 vs 리포터

나는 아나운서의 꿈을 품고 대학 시절 리포터로 방송 현장에 먼저 발을 들였다. 마이크를 잡고 취재를 나가며 실제 방송이 어떻게 만들어지는지를 몸으로 배울 수 있었던 시간이었다. 현장을 아는 경험은 분명 큰 자산이었다.

하지만 동시에 다른 이야기도 들려왔다. 리포터 경력이 아나운서 시험에서는 오히려 마이너스가 될 수 있다는 말이었다. 리포터와 아나운서는 말의 톤과 호흡, 전달 방식이 다르기 때문에 리포터식 어조가 몸에 배면 뉴스 진행에 문제가 생길 수 있다는 이유였다. 실제로 리포터를 거쳐 아나운서가 되는 경우가 적지 않지만, '리포터를 하다 아나운서가 되기는 어렵다'는 말이 반복해서 따라붙었다. 왜 그런 걸까.

먼저, 말의 목적이 다르다. 리포터의 말은 '끌어내는 말'이다. 현장을 설명하고, 사람의 이야기를 자연스럽게 이끌어 내야 한다. 반면 아나운서의 뉴스는 '전달의 말'이다. 감정이나 개성을 덜어내고, 사실을 정확하고 균형 있게 전해야 한다. 이 목적의 차이가 톤과 호흡을 완전히 다르게 만든다.

또한, 리포터식 어조가 현장에서는 강점이 될 수 있지만, 뉴스에서는 확실한 리스크다. 리포터는 친근함, 공감, 즉흥성이 중요하다. 그래서 말끝이 부드러워지거나 감정이 자연스럽게 실리는 경우가 많다. 하지만 뉴스에서는 이 어조가 '가벼움'이나 '주관 개입'으로 보일 수 있다. 면접관의 귀에는 안정감보다 습관이 먼저 들린다.

무엇보다도 현장 경험과 시험형 인재는 다르다. 리포

    4장 생생한 리포터의 세계

터 경험은 실제 방송에서는 분명 강력한 무기다. 하지만 아나운서 시험은 현장 대처 능력보다 발성, 호흡, 톤의 안정성, 포맷 적합성을 먼저 본다. 이 간극이 '리포터 출신'에게 불리할 때가 있는 것이다. 실제로 내가 아나운서 시험을 준비할 때 면접에서 자주 나온 질문은 이것이다.

"리포터 경험이 있네요. 리포터를 안 하고 왜 아나운서에 도전했나요?"

"리포터로 일하며 방송 현장을 가장 가까이에서 경험했습니다. 그 과정에서 말을 '잘하는 것'보다, 공적으로 정확하게 전달하는 역할이 얼마나 큰 책임인지를 느꼈습니다. 기준과 신뢰, 책임을 가장 앞에서 감당하는 자리가 아나운서라고 생각합니다. 리포터로 익힌 현장감은 제 태도로 남기고, 뉴스에 필요한 안정감과 호흡은 다시 훈련했습니다. 그래서 저는 현장을 잘 아는 사람으로서, 흔들리지 않는 뉴스를 전달하는 안정감 있는 아나운서가 되고 싶습니다."

     마이크 앞에 서고 싶은 당신에게

살아 있는 현장감

삼성 사내 방송에서 14년을 보내며 PD, 작가, 뉴스 진행자, 리포터, 내레이터, 인터뷰 프로그램 진행자, 회사 행사 MC까지 수많은 역할을 경험했다. 하나의 직무로 설명하기 어려운 시간이었지만, 지금 돌아보면 그 모든 과정은 차곡차곡 쌓인 자산이었다. 그 자산이 쌓여 결국, 이야기를 쓰는 자리까지 나를 데려왔다.

여러 역할을 거쳐 왔지만 현재 MC와 강사로 일하는 데 가장 큰 도움이 된 경험을 하나 꼽는다면 단연 리포터다. 리포터는 말을 잘하는 사람이 아니라, 현장을 정확히 읽는 사람이기 때문이다. 리포터로 일하며 가장 많이 훈련한 것은 말이 아니라 관찰이었다. 누가 긴장하고 있는지, 어떤 질문에서 분위기가 바뀌는지, 현장의 공기가 어디서 흔들리는지를 먼저 읽어야 했다. 이 감각은 지금 무대 위에서 청중을 읽는 힘이 되었고, 강의실에서는 학습자의 반응을 조율하는 기준이 되었다.

리포터의 일은 준비가 절반, 현장 대응이 절반이다.

질문지는 준비하지만 질문은 현장에서 반드시 달라진다. 상대의 답변을 끝까지 듣고, 그 말에 맞는 연계 질문을 던져 더 깊은 이야기를 끌어내야 한다. 이 과정에서 경청의 힘이 길러졌고, 이 습관은 MC로서 흐름을 매끄럽게 이어 가는 데 큰 도움이 되었다.

리포터는 늘 대안을 생각하며 움직인다. 현장은 예상대로 흘러가지 않기 때문이다. 그래서 다음 상황을 미리 준비하는 태도가 몸에 밴다. 종종 "아직 일어나지도 않은 일을 왜 벌써부터 걱정하느냐"는 말을 듣곤 하는데, 이것 역시 리포터 시절에 길러진 습관이다. 생방송 현장에서는 돌다리도 두드려 보고 건너는 준비성이 사고를 막는다.

MC들의 출신은 다양하지만, 내가 만난 실력 있는 MC 중에는 방송 리포터 출신이 유독 많다. 현장에서 몸으로 부딪치며 익힌 감각은 결국 다시 현장에서 빛을 발한다. 리포터는 현장을 가르쳤고 무대는 그것을 증명했다.

리포터식 현장 훈련법

① 행사장이나 강의장에 들어가면 말하기 전에 먼저 분위기를 읽는다.

② 상대의 말이 끝난 뒤 반응을 살피고 그에 맞춰 대응한다.

③ 항상 플랜 B를 준비해 둔다.

④ 하고 싶은 말을 핵심만 짧게 요약하는 훈련을 한다.

⑤ 감정이 드러나지 않도록 표정과 자세를 점검한다.

⑥ 행사나 강의가 끝난 뒤 잘된 점과 아쉬운 점을 반드시 메모한다.

친화력 끌어올려

리포터는 하루에도 여러 번 처음 보는 사람을 만나 말을 건다. 그래서 흔히 외향적인 성격, MBTI 'E' 유형이 유리하다고 생각한다. 실제로 친화력이 좋은 사람은 섭외와 인터뷰에서 분명 이점이 있다. 하지만 현장에서 느

4장 생생한 리포터의 세계

낀 결론은 조금 달랐다. 리포터에게 필요한 친화력은 성격이 아니라, 반복해서 훈련된 태도에 가깝다는 것이다. 처음 만나는데 너무 친화력 있는 모습으로 다가가면 오히려 뒷걸음치는 사람도 생길 수 있다.

리포터는 편안해지려는 노력을 하는 것이 우선이다. 말을 잘하거나 일을 잘하는 이미지보다는 '이 사람하고 이야기하면 재미있겠다.', '믿고 얘기해도 되겠다.'라는 신뢰감으로 다가가야 한다. 만나자마자 일 얘기보다는 가벼운 이야기로 시작해 담당자가 나를 경계하는 눈빛, 불편해하는 모습을 내려놓았을 때 마이크를 들고 천천히 일적인 이야기를 시작하는 것이 좋다. 또한 상대방 중심의 이야기로 시작을 해야 한다. 예를 들어 "오는 길이 너무 험해서 운전하는데 힘들었어요. 회사가 너무 외진 곳에 있네요."와 같은 자신에게 초점을 맞춘 말보다는 "회사 출퇴근이 힘드시겠어요. 그런데 안에 들어오니 아늑하고 정말 좋아요."와 같은 상대방에게 초점을 맞춘 말로 시작을 하는 게 좋다.

상대방을 칭찬하고 인정하는 한마디가 보이지 않는 벽

　　　　　마이크 앞에 서고 싶은 당신에게

을 허물 수 있다. 취재 대상이 아니라 편안한 사람으로 가까이 다가가야 한다. 정보를 얻기 전에 사람의 마음을 얻어야 하는 것이다. 같이 웃어 주고 눈을 맞추고 답변을 들으며 고개를 끄덕이고 공감해 주는 표정으로 마음을 얻을 수 있다. 나아가 리포터는 친밀한 말투가 좋다. 뉴스 진행자처럼 딱딱한 어투라면 마치 취조처럼 들릴 수 있기 때문에, 부드럽고 천천히 다가가야 한다.

리포터는 섭외 중에 거절당하기 일쑤다. 섭외를 거절했다고 해서 기분 나쁜 티를 내면 거기서 끝이다. 섭외는 정말 어렵다. 거절이 당연한 것이라 받아들이고 사람 좋은 말투와 웃음으로 다음을 기약해야 한다. 바로 이것이 친화력인 것이고 미래로 이어 주는 다리인 것이다. 그래서 성격보다는 기술이고 관계 관리 능력이 중요하다. 무엇보다도 리포터의 친화력은 단순히 사람을 좋아하는 밝은 성격에서 나오지 않는다. 사람을 존중하는 태도에서 만들어진다.

     4장 생생한 리포터의 세계

생생한 현장 리포터,
실전 노하우 방출

힘든 현장에서 살아남기

섭외가 가장 힘들다

리포터의 첫 임무는 늘 섭외에서 시작된다. 섭외만 되면 절반은 끝났다는 말이 있을 정도로, 방송에 출연할 사람을 찾는 일은 가장 큰 고비다. 대부분의 사람은 방송 출연을 부담스러워하며 정중하게, 혹은 단호하게 사양한다.

리포터의 일은 이렇게 계속해서 거절당하는 상황 속에서도 포기하지 않고, 출연자의 마음을 움직이는 설득에서부터 시작된다. 한 번의 통화로 끝나는 경우는 드물

마이크 앞에 서고 싶은 당신에게

다. 어렵게 허락을 받았는데 다음 날 다시 마음이 바뀌어 취소 연락이 오기도 하고, 방송 직전에 갑작스러운 사정으로 출연이 불발되는 경우도 잦다.

그때마다 대체 섭외를 해야 하고, 방송 일정은 바로 앞인데 출연자가 갑자기 사라진다. 이런 아찔한 순간을 몇 번 겪다 보면, 리포터는 자연스럽게 '멘털 관리'부터 배우게 된다.

생각과 전혀 다른 현장

전화 인터뷰나 사전 자료를 통해 취재를 확정하고 현장에 나가지만, 막상 도착하면 전혀 다른 상황이 펼쳐질 때가 있다. 겨울 스케이트장 취재를 갔는데 갑작스러운 날씨 변화로 얼음이 녹아 안전 문제로 출입이 통제된 적도 있다. 무료 급식 봉사 현장을 취재하러 갔을 때는 시작 시간보다 조금 늦게 도착했을 뿐인데, 예상보다 많은 인원이 몰려 봉사가 조기 종료돼 취재 자체를 못 한 적도 있었다.

이처럼 현장은 언제든 변수투성이다. 아무리 준비를

  4장 생생한 리포터의 세계

철저히 해도 헛걸음을 하는 날이 생긴다. 그래서 리포터에게는 현장을 믿되, 현장을 맹신하지 않는 꼼꼼함과 대안 시나리오가 필수다.

인터뷰가 생각보다 너무 어려울 때

섭외에 성공해 담당자를 만났지만, 막상 인터뷰가 시작되면 말이 자꾸 막히는 경우가 있다. 긴장한 탓에 답변이 끊기고, 질문의 요지를 제대로 이해하지 못해 NG가 반복되기도 한다. 그렇다고 다른 사람을 새로 섭외하는 것은 현실적으로 더 어려운 선택이다. 방송 시간은 이미 정해져 있고, 녹음 이후에는 편집까지 마쳐야 한다.

이럴 때 리포터는 단순한 질문자가 아니라 '현장의 코치'가 된다. 필요한 답변의 방향을 제시하고, 문장을 짧게 정리해 주며, 상황에 따라 즉석에서 스피치 코칭을 하기도 한다. 이 순간 필요한 것은 순발력과 공감 능력이다. 이 두 가지가 방송 사고를 막는다. 더 중요한 포인트는 경청이다. 답변을 주의 깊게 듣고, 그 속에서 더 나

　마이크 앞에 서고 싶은 당신에게

은 질문을 뽑아내 추가 답변을 이끌어 낼 수 있어야 내용은 훨씬 풍성해진다. 방송인에게 경청은 선택이 아니라 필수다.

보이지 않는 압박과 책임

리포터는 현장에 혼자 나가는 경우가 많다. 문제가 생기면 도움을 청할 사람도, 시간을 벌 여유도 없다. 섭외 실패, 취재 불발, 인터뷰 사고의 책임은 온전히 리포터 몫이다.

방송은 '결과'만 남지만, 그 결과 뒤에는 수없이 흔들렸던 과정과 혼자 감당해야 했던 선택들이 쌓여 있다. 힘든 순간마다 그만두고 싶었지만, 그 시간을 지나오지 않았다면 지금의 나는 없다. 리포터는 그렇게 현장에서 단련되고 버텨 낸 만큼 무대 위에서 더 단단해진다. 그래서 나는 오늘도 마이크를 당당하게 잡을 수 있다.

인터뷰 섭외의 비결

섭외에 성공하는 일은 결코 쉽지 않다. 한 번에 섭외가 성사되는 날이면, 그날 하루는 정말 날아갈 듯 기분이 좋다. 하지만 그런 날은 드물다. 따라서 섭외는 감정이 아닌, 기술로 접근해야 한다. 무작정 조른다고 되는 것도 아니고, 불쌍한 척한다고 마음이 열리는 것도 아니다. 그렇다면 어려운 섭외를 성공으로 이끄는 비결은 무엇일까.

섭외의 성패는 전화가 연결된 뒤 첫 30초에 달려 있다. 이 짧은 시간 안에 상대가 마음을 닫을지, 조금 열어둘지를 결정한다. 그래서 리포터는 첫 멘트를 특히 신중하게 고른다. 이 멘트는 리포터뿐 아니라 부탁하는 입장의 섭외라면 누구나 가능하다.

기본형

"안녕하세요, ○○방송 리포터 김선영입니다. 지금 잠깐 통화 괜찮으실까요? 오늘 ○○ 관련해서 잠시 여쭤볼 일이 있어 연락드렸습니다.”

➡ 먼저 신분을 밝히고, 통화 가능 여부를 확인한 뒤
목적을 전한다.
요청이 아니라 가능 여부를 묻는 방식으로 부담을
최소화하는 것이 포인트다.

바쁜 상대용(거절 가능성 낮추기)

“안녕하세요, ○○방송 리포터 김선영입니다. 바쁘실
것 같아 짧게 말씀드리겠습니다. ○○ 관련해서 현장
이야기 잠깐만 들을 수 있을지 여쭤보려고 전화드렸습
니다.”

➡ 상대의 시간을 존중한다는 신호를 먼저 보낸다.
‘짧게’라는 단어 하나가 방어를 크게 낮춘다.

처음 연락하는 일반 시민용

“안녕하세요, ○○방송에서 취재를 맡은 김선영 리포
터입니다. 방송국에서 갑작스럽게 연락드려 놀라셨을
수 있는데, ○○에 대해 직접 경험하신 분의 이야기를

　　　　　　　　4장　생생한 리포터의 세계

들고 싶어 연락드렸습니다."

➡ 갑작스러움을 먼저 인정한다.

　당사자의 경험'이라는 의미를 부여해 참여 이유를
　분명히 한다.

전문가 · 기관 담당자용

"안녕하세요, ㅇㅇ방송 리포터 김선영입니다. ㅇㅇ 분
야 담당자분으로 추천을 받아 연락드렸습니다. 관련해
서 짧은 인터뷰 가능 여부를 여쭤보고자 합니다."

➡ '추천'이라는 한 단어가 신뢰를 빠르게 만든다.

　개인 요청이 아니라 업무 맥락임을 분명히 하는 것
　이 핵심이다.

거절이 예상될 때

"안녕하세요, ㅇㅇ방송 리포터 김선영입니다. 바로 섭
외 말씀을 드리려는 건 아니고요, ㅇㅇ 관련해서 상황을
잠깐만 여쭤봐도 괜찮을지 확인차 연락드렸습니다."

➡ '섭외가 아니다'라는 선언으로 경계를 먼저 푼다.

　　　　　마이크 앞에 서고 싶은 당신에게

질문을 정보 확인 수준으로 낮추는 전략이다.

MBTI I 성향에게 특히 효과적인 멘트

"안녕하세요, ○○방송 리포터 김선영입니다. 전화가 불편하시면 문자나 메일로 먼저 안내드려도 괜찮습니다. ○○ 관련 취재 건으로 연락드렸습니다."

➡ 선택권을 주면 신뢰가 생긴다.

즉답에 대한 부담을 줄이는 것이 목적이다.

섭외를 위한 첫 대화의 30초는 말을 잘하는 시간이 아니다. 상대가 마음을 닫지 않게 만드는 시간이다. 섭외 전화 첫 30초로 문을 열었다면 그다음은 신뢰를 쌓는 시간이다. 말보다 태도가 결과를 좌우할 수 있다.

'출연' 요청보다 '역할'을 먼저 제시한다

사람들은 방송 출연에 대부분 부담을 느낀다. 그래서 이렇게 바꿔 말한다.

"현장을 가장 잘 아시는 분의 이야기가 필요합니다."

자신이 대체 불가능한 존재라는 인식을 주면 설득은
훨씬 쉬워진다.

결정권자가 아닌 '설명자'부터 설득한다

기관이나 단체 섭외는 첫 통화에서 끝나지 않는다. 리
포터는 알고 있다. 최종 결정자는 통화 중인 사람이 아
니라는 것을. 그래서 첫 통화의 목표는 허락이 아니라
내 편이 될 사람 한 명 만들기다.

일정과 조건을 먼저 조정한다

섭외 실패의 많은 이유는 '출연 거부'가 아니라 '조건
부담'이다. 시간, 장소, 인터뷰 방식, 이 중 하나만 조정
해도 가능성이 열린다. "전화 인터뷰도 가능합니다."라
는 한 문장이 판을 바꾸기도 한다.

거절을 설득하지 않고 기록으로 남긴다

거절은 끝이 아니라 데이터다. 왜 안 되는지를 정리해
두면 다음 섭외의 재료가 된다.

   마이크 앞에 서고 싶은 당신에게

"그날 ○○ 때문에 힘들다고 하셨는데 오늘은 괜찮으신가요?"

거절을 감정으로 받아들이면 안 된다. 패턴으로 분석해 다음에 역으로 사용할 수 있다.

섭외가 끝난 뒤, 반드시 한 번 더 연락한다

섭외 성공 후 연락을 끝내는 순간, 관계도 끝난다. 일정 재확인, 인터뷰 방식 안내 등 여러 차례 지속해야 한다. 돌아서려는 마음을 계속 붙잡아야 한다. "부담 갖지 않으셔도 된다"는 말 한마디, 이 사전 연락이 당일 노쇼와 돌발 취소를 줄인다.

출연자에게 '안전한 방송'임을 확신시킨다

사람들이 방송을 두려워하는 이유는 단 하나다. "내 말이 어떻게 나갈지 모르겠다"는 불안 때문이다. 그래서 리포터는 이렇게 말한다.

"말씀 주신 취지는 정확하게 전달하겠습니다."

이 문장은 섭외를 넘어 신뢰 계약에 가깝다.

섭외는 관계로 끝내고, 결과로 증명한다

방송이 나간 뒤 한 통의 메시지를 보낸다.

"말씀 덕분에 잘 마무리됐습니다. 감사합니다."

이 한 문장이 다음 섭외의 난이도를 낮춘다. 섭외는 말을 잘해서 되는 일이 아니다. 상대를 불안하게 하지 않는 사람이 결국 선택된다.

현장 인터뷰 기술

섭외가 확정되고 인터뷰 약속이 정해졌다면 절반은 끝난 것이다. 이제 만나서 필요한 정보를 담당자의 입을 통해 얻어 오면 되는 것이다. 그런데 인터뷰를 하면서 후회될 때가 많다. '이 사람 잘못 섭외했구나.' 그래도 최선의 이야기를 끌어내는 것이 리포터의 일이다. 리포터들의 인터뷰는 대화를 주도하기보다는 상대의 말을 방송에 맞게 다듬는 과정으로 흘러가게 만드는 일이다. 그에 대한 상세한 방법은 다음과 같다.

마이크 앞에 서고 싶은 당신에게

① 질문은 묻지 말고 열어 주어야 한다.

"왜 그렇게 생각하세요?" (×)

"가장 먼저 떠올랐던 생각은 무엇인가요?" (○)

➡ 이유를 묻기보다 장면을 떠올리게 한다.

② 원하는 답을 얻기 위해 질문에 힌트를 넣는다.

"현장에서 가장 힘들었던 순간이 있다면요?"

➡ 범위를 좁히면서 답을 열어 둔다.

③ 말이 긴 사람에게 '정리 질문'을 한다.

말이 길다고 끊어서는 안 된다.

"그중에 가장 중요한 것은 어떤 부분일까요?"

➡ 한 문장으로 핵심을 요약해 주면 상대도 답을 알아

챈다.

④ 말이 짧으면 '이어 가기 질문'을 쓴다.

단답형이라고 잘못한 것은 아니다. 아직 마음이 덜 열

렸을 수도 있다.

　　　　　　　4장　생생한 리포터의 세계

"조금 더 설명해 주시겠어요?"

"다시 돌아보면 어떤 마음이신가요?"

"마음이 안 좋았던 부분은 무엇 때문인가요?"

➡ 감정, 상황, 변화 중 하나를 붙여 질문한다.

⑤ 침묵을 활용한다.

답을 듣고 급한 마음에 바로 다음 질문을 던지면 좋은 답을 놓칠 수도 있다. 공감의 눈빛으로 2~3초 침묵하며 더 할 이야기가 있는지 기다려 주면 침묵을 채우기 위해 더 많은 이야기를 이어 간다.

⑥ 방송에 필요한 답변이 아니면 다시 부탁한다.

방송에 쓸 수 있는 답변이 아닐 수 있다. 정중하게 다시 부탁한다.

"방송이 가능하도록 ○○○라고 한 문장으로 한 번 더 말씀해 주시겠어요?"

➡ NG가 아니라 방향을 잡아 주는 역할을 해야 한다.

⑦ **끝났다고 끝난 게 아니다.**

마지막 질문 하나가 인터뷰 톤을 결정한다.

"이 방송을 보는 분들께 꼭 전하고 싶은 말이 있다면요?"

➡ 주도권을 상대에게 주면 끝이 날 때 기분 좋게 마무리된다.

좋은 질문의 예시

닫힌 질문	열린 질문
준비 과정이 힘들지 않았나요?	준비하면서 예상과 달랐던 점이 있다면요?
할 말이 또 있으신가요?	시청자에게 꼭 전하고 싶은 한 가지만 더 말씀해 주시겠어요?
이번 대회에서 우승해서 기분 좋으시죠?	우승해서 기분 좋으실 텐데 마치고 무엇부터 하고 싶으신가요?
여행을 통해 느낀 점이 무엇인가요?	여행 중에 가장 인상 깊었던 순간은 언제인가요?
방금 보신 영화는 어땠나요?	방금 보신 영화의 감동적이거나 재미있었던 장면이 무엇인가요?

4장 생생한 리포터의 세계

　인터뷰는 질문을 던지는 기술이 아니라 사람의 마음
이 정리될 수 있도록 생각할 수 있는 시간을 주는 기술이
다. 말이 길면 방향을 잡아 주고, 말이 짧으면 다리를 놓
아 주는 사람. 답이 잘 생각나지 않아도 말할 내용을 떠
오르게 해 주는 사람. 그 역할을 해내는 사람이 좋은 리
포터다.

　　　　　　　　　　마이크 앞에 서고 싶은 당신에게

실제 방송 원고 톺아보기

● **사례 | 1 탈춤 축제장 체험 마당**

다음은 축제장 체험 부스에서 생방송 연결로 현장 리포팅을 했던 원고이다. 현장 분위기를 느껴 보자.

오프닝

저는 지금 신명 나는 탈춤 축제장 안에서 직접 참여하는 재미가 넘치는 체험 마당에 나와 있습니다. 체험 부스가 어느 축제장보다 다양하게 준비되어 있어서 많은 관광객들이 부스 곳곳을 둘러보면서 '어떤 체험을 해 볼까?' 하고 골라 보는 재미를 느끼고 있는 것 같습니다.

4장 생생한 리포터의 세계

현장 분위기 스케치

도자기, 수공예품, 목공예, 다도 시음, 중국 의상, 드라이 플라워, 부메랑, 로봇 체험

인터뷰 진행

탈춤 축제장이다 보니까 어느 체험 부스보다 탈 만들기 체험에 많은 분들이 함께하고 있는데요. 체험하는 분들 만나 보겠습니다.

▷ 안녕하세요. 예쁜 탈을 만들고 계시네요. 먼저 소개 부탁드립니다.

▷ 체험 부스가 수십 곳인데 탈 만들기를 선택하신 이유가 있을까요?

▷ 탈 종류가 많은데 선택한 탈은 어떤 건가요? 선택하신 이유는요?

네, 인터뷰 감사합니다. 직접 만든 탈 쓰고 탈춤 축제를 더 신나게 즐기시기 바랍니다.

마이크 앞에 서고 싶은 당신에게

축제장에서 보고 느끼며 눈 속에 마음속에 저장해 가는 것도 좋지만, 체험 마당에서 오래오래 두고 축제장을 추억할 수 있는 추억거리 하나씩 만들어 가보는 건 어떨까요? 지금까지 체험 마당에서 전해드렸구요. 스튜디오 나와 주세요~

'현장 분위기 스케치'는 방송 준비 단계와 생방송 현장에서 달라질 수 있다. 그래서 리포터는 세부 표현을 미리 고정하기보다, 전달해야 할 큰 줄기만 잡아 두는 것이 중요하다. 현장의 온도, 사람들의 움직임, 분위기는 방송 직전에도 얼마든지 변하기 때문이다. 생방송에서는 준비한 말을 그대로 읽는 사람이 아니라, 그 순간의 분위기를 실시간으로 읽어 전달하는 사람이 되어야 한다. 말은 준비하되, 상황에 맞게 바꿀 수 있어야 한다. 만약 원고를 미리 준비한다면 변동 가능성이 큰 요소는 과감히 빼는 것이 좋다. 날씨, 인원수, 현장 소음처럼 예측이 어려운 내용은 생방송에서 오히려 리스크가 된다. 대신 장소의 의미, 취재 대상의 핵심 메시지처럼 변하지 않는 정보를 중심으로 구성하는 것이 안전하다. 현장 리포팅의 완성도는 얼마나 많이 준비했느냐보다, 준비한 것을 얼마나 유연하게 내려놓을 수 있느냐에 달려 있다.

'인터뷰'는 리포터의 생명이다. 생방송이라고 해서 마이크를 들고 아무에게나 질문할 수는 없다. 방송은 '즉흥'처럼 보이지만, 그 뒤에는 반드시 사전 섭외와 철저한 준비가 있다. 방송 전, 정해진 시간까지 현장에 남아 인터뷰에 응할 사람을 미리 섭외하는 것이 첫 번째 관문이다. 그럼에도 방송 연결을 앞두고 "화장실에 잠깐 다녀오겠다"며 자리를 비우는 사람, 차 시간이 되었다며 사라지는 사람, 긴장감에 "도저히 못 하겠다"고 손사래를 치는 사람은 늘 생긴다. 그래서 리포터는 방송 직전까지 섭외된 인터뷰이의 옆을 지키는 것이 가장 안전하다. 또 하나 중요한 역할은 인터뷰이를 '방송 가능한 상태'로 만드는 일이다. 사전에 예상 질문과 답변을 함께 점검하고, 방송 흐름에 맞게 문장을 정리해 보며 말의 호흡을 맞춘다. 단순히 질문을 던지는 것이 아니라, 짧고 명확하게 말할 수 있도록 자연스럽게 유도하는 과정이다. 좋

　　　　　　　　마이크 앞에 서고 싶은 당신에게

은 인터뷰는 현장에서 갑자기 탄생하지 않는다.

사전 섭외, 동선 관리, 심리 안정, 말의 리듬까지 챙겨 내는 리포터의 보이지 않는 준비가 있을 때 비로소 생방송의 한 문장이 완성된다.

● 사례 2 새해 관련 취재

방송은 살아 움직여야 한다. 시기에 맞는 주제 선정도 중요하다. 연초가 되면 새해와 연관된 방송 주제들이 많다. 다음은 2026년 병오년, '말'의 해를 맞아 말 지명을 가진 마을을 취재한 라디오 방송 원고[1]이다.

Ann(아나운서) / Rep(리포터)

Ann 리포터 연결하겠습니다.

Rep 네 안녕하세요. ○○○ 리포터입니다.

---

[1] 안동KBS 〈즐거운 라디오 여기는 안동입니다〉 방송 원고. 본 원고는 저작권자의 동의를 얻어 교육적 목적으로 수록하였습니다.

4장 생생한 리포터의 세계

Ann 오늘은 2026년 병오년의 해를 맞아 '말'의 이야기나 지명이 있는 마을을 소개해 주신다고요?

Rep 그렇습니다. 말의 해를 맞아 말과 관련한 지명이나 전설, 유래가 전해져 오는 곳들이 눈길을 끄는데요. 우선 말은 예로부터 역동적인 에너지와 전진하는 기상을 상징하면서 힘찬 기운을 가진 동물로 사랑받아 왔습니다.

더욱이 단순한 동물을 넘어 역사 속에선 전쟁이나 교역을 담당하기도 하고 국가의 흥망성쇠를 좌지우지한 존재로 전략 자산으로 치부하기도 했는데, 경북 북부 일대에선 이러한 흔적을 가진 마을들이 제법 존재하고 아직 그 터가 남아 있기도 합니다.

오늘 그곳들을 소개해 드릴까 합니다.

취재 원고를 작성할 때 리포터는 자신의 멘트만 쓰지 않는다. 방송을 함께 진행하는 아나운서가 던질 질문까지 모두 고려해 원고를 구성한다. 아나운서의 질문은 리포터의 답변을 끌어내는 출발점이자, 방송의 흐름을 만

  마이크 앞에 서고 싶은 당신에게

드는 장치다. 그래서 리포터는 질문의 길이와 톤, 정보
의 밀도까지 계산해 원고에 담는다. 질문이 명확해야 답
변이 정리되고, 답변이 정리되어야 시청자가 이해하기
쉬운 방송이 된다.

　결국 리포터는 현장에서 말하는 사람인 동시에, 스튜
디오와 현장을 연결하는 보이지 않는 작가 역할을 함께
수행한다. 좋은 리포트는 현장 멘트보다, 그 앞에 놓인
질문 설계에서 이미 절반이 완성된다.

Ann　말과 관련한 그런 장소들이 어느 정도나 있는 걸로
　　　확인됩니까?

Rep　국토지리정보원과 한국향토문화전자대전을 통해
　　　확인 결과, 말 관련 지명은 전국에서 744곳, 경북에
　　　는 32곳이 있는 것으로 확인됩니다. 특히 경북 지방
　　　에는 말의 형상을 빗댄 지명이 25군데가 있는데, 안
　　　동 풍천면 도양리에는 그 모양이 말머리와 같다고

해서 붙은 '말봉'으로 이름 붙여졌고, 영주시 풍기읍에는 산의 모습이 말이 형세와 비슷하다고 해 '마산'으로 불리기도 합니다. 그리고 이곳에는 예로부터 역사적으로 흥미로운 이야기가 전해지기도 했는데, 영주시문화원 향토지리연구가인 ○○○ 선생님과 함께 찾아가 설명 들어봤습니다.

컷 1　1분 2초 (오늘은 선생님 …… 올해 말해니까 허허 ……)

　취재 사안을 가장 잘 설명해 줄 담당자를 섭외하고, 약속된 시간에 현장으로 나가 인터뷰를 진행하는 것 역시 취재 리포터의 몫이다. 현장에서는 인터뷰를 단순히 녹음하는 데서 그치지 않는다. 방송에 필요한 답이 제대로 담겼는지 확인하며, 부족한 부분은 즉석에서 질문을 보완한다.

　취재가 끝난 뒤에는 녹음한 인터뷰를 다시 들으며 방송에 꼭 필요한 부분만 선별해 편집한다. 길고 많은 말 중에서 핵심만 남기는 과정이다. 이 편집 과정에서 리포터는 전달자이자 동시에 판단자가 된다.

결국 취재 리포터의 역할은 '다녀오는 사람'이 아니라, 섭외부터 인터뷰, 편집까지 전 과정을 책임지며 하나의 완성된 방송을 만들어 내는 사람이다.

Ann 실제 말의 모습과 흡사하던가요?

Rep 산이 나지막했는데, 마치 말이 쉬고 있을 때 다리를 구부려 앉아 있는 모습과 비슷하더라고요. 그리고 이 인근에 풍기읍 창락리라는 마을에는 '말'소공원이 자리하기도 한다는데, 이곳은 또 어떤 이야기가 전해지는 곳일지 마을 주민들에게 물어 찾아가 봤습니다.

취재 리포터는 다양한 현장을 기동성 있게 오가야 한다. 운전 실력은 기본이고, 지리 감각이 좋을수록 현장에서의 대응력이 높아진다. 내비게이션에도 나오지 않는 산골짜기나 농로 끝까지 들어가 인터뷰를 해야 하는 상황은 생각보다 자주 생긴다.

5분 남짓한 방송을 위해 몇 시간을 운전해 이동하고, 길을 헤매다 겨우 현장에 도착하는 일도 다반사다. 그러나 시청자는 그 긴 이동 시간을 보지 못한다. 화면이나 목소리로 담기는 것은 단 몇 분이지만, 그 뒤에는 리포터의 발품과 시간, 체력이 고스란히 쌓여 있다.

그래서 리포터에게 현장은 책상 위 정보가 아니라, 직접 몸으로 찾아가야 하는 공간이다. 발로 뛰는 거리만큼 현장은 살아나고, 그 경험은 말의 깊이가 된다.

컷 2 1분 15초(아 역 …… 요기가 공원이에요.)

Rep 네, 제가 도착한 곳엔 말 조형물과 함께 작은 공원이 있었고요. 옆쪽으론 '창락역 유적터'가 존재하기도 했습니다. (중략)

Ann 그 당시 '역'이라고 했던 그곳은 어떤 곳이라 할 수 있을까요?

Rep 네, 옛 순흥부 창락면 관촌으로 창락역은 과거 나라의 통신과 운송 기관으로 공문서의 전달은 물론이고 관리, 외국 사신의 숙박, 마필 공급, 공물 등을 돕던 기관이라 볼 수 있습니다. 조선 초 전국적으로 이런 '역'이 538곳에 설치되어 있었는데요. 특히 그중에 이곳은 북부 지역 인근의 9개 역을 거느린 중심부로 그 당시의 위상을 짐작할 수 있는 곳이라고 하는데, 관련 내용 계속해서 영주시문화원 향토지리연구가인 ○○○ 선생님의 설명 들어보시죠.

컷 3 1분 43초(여기는 인제 원래 확장공사 …… 관리를 했죠.)

Ann 네, 이 밖에도 또 어떤 곳들이 있을까요?

Rep 네, 순흥면에는 전쟁 때 말이 죽으면 묻었다는 '말 무덤'도 존재했는데, 실제 이곳에선 말의 뼈와 말에 입혔던 갑옷 등이 발굴되기도 했습니다. 그리고 더 위쪽으로 올라가면 옛 선비들이 과거 시험을 보는 길에 잠시 묵었다는 죽령길에 '마방' 터도 존재하고요. 또 영주 단산면 마락리라는 곳에선 과거 말을 키우던 동네였다고 하는데, 계속해서 찾아가 봤습니다.

4장 생생한 리포터의 세계

컷 4 2분 17초(거의 다 올라왔어요. …… 말이 지나다니는 동
네 파발마……)

Rep 이 밖에도 도로가 개발되기 전 말을 끌고 지나다녔
던 지름길 택인 영주 부석면에 '마아령', '마구령' 등
험준한 길도 있었습니다.

Ann 네, 아주 거침없이 곳곳으로 말 지명 마을을 찾아 달
려가셨는데, 이런 곳들 재미난 이야기들이 전해지
니까 방문해서 새해 '말'의 힘찬 기운을 받으셔도 좋
겠네요. 소식 잘 들었습니다.

리포터는 다양한 이야기 주제를 여러 자료를 통해 발
굴하고, 이를 시청자가 이해하기 쉬운 정보로 전달해야
한다. 사전 조사로 기본 틀을 만들고, 인터뷰를 통해 그
안을 채워 나간다. 요즘은 검색만으로도 많은 정보를 쉽
게 얻을 수 있다. 그러나 진짜 이야기는 자료 속이 아니
라 현장에 있다. 취재를 하다 보면 현장 담당자의 한마
디, 인터뷰 중에 자연스럽게 흘러나오는 경험담 속에서
예상하지 못한 새로운 정보를 만나게 된다. 이렇게 현장

에서 새롭게 얻은 이야기들이 바로 '살아 있는 내용'이다.

리포터의 가치는 이미 알려진 정보를 반복하는 데 있지 않고, 사람을 통해서만 들을 수 있는 또 다른 이야기를 발견해 전달하는 데서 완성된다.

● **사례 3 라디오 시사 프로그램**

지역의 이슈나 시사적으로 다루어야 할 내용을 취재하여 전달하는 라디오 시사 프로그램 방송 원고[2]이다.

리포터 취재 주제: 못난이 사과, 새로운 소비 대안이 될까?

Rep 경북은 사과 재배면적 33,313ha, 전국 재배면적의 58%를 차지합니다. 국가데이터처에 따르면 특히 지난해 기후변화에 따른 품종 전환과 더불어 산불 피

---

2 안동KBS 〈아침의 광장〉 방송 원고. 본 원고는 저작권자의 동의를 얻어 교육적 목적으로 수록하였습니다.

 4장 생생한 리포터의 세계

해, 폭염과 같은 기후변화로 사과 생산량은 전년 대비 2.6%가 줄어든 44만 8천 톤으로 집계했습니다.

취재 리포터의 역할은 그날 가장 빠른 소식을 전하기 위해 누구보다 먼저 현장으로 달려가 상황을 생생하게 전달하는 데 있다. 방송 주제에 따라서는 뉴스 기자와 같은 역할이 요구되기도 한다. 취재 과정이 항상 순탄한 것만은 아니다. 취재원과 의견이 충돌하거나, 반가운 소식이 아닌 사안을 다뤄야 할 때는 담당자와의 불편한 관계를 감수해야 한다.

리포터는 지역의 밝은 소식뿐 아니라 산불, 기후변화로 인한 농산물 피해처럼 무거운 현안이 발생했을 때도 현장을 피하지 않는다. 피해 상황을 정확히 전달하기 위해 위험과 부담을 안고 현장 속으로 직접 뛰어드는 것, 그것이 리포터가 맡은 또 하나의 중요한 책임이다.

Ann 이런 가운데 사과 주산지인 우리 지역의 피해는 더 클 수밖에 없겠네요?

Rep 네. ○○ 지역만 보더라도 지난해 발생한 산불과 과수 냉해로 5천여 농가에서 큰 피해를 입었는데요. ○○군의 주력 농산물인 사과 또한 산불로 296ha, 저온 피해로 2,277ha에 대한 피해가 발생했습니다. 이는 전체 면적 가운데 72%에 해당하는 수치입니다.

Ann 절반이 넘는 농가가 피해를 본 셈이군요?

Rep 그렇습니다. 지난해엔 사과 생산량이 예년에 비해 5%가량 떨어졌는데요. 큰 차이가 없다고 보실 수도 있겠지만 수확한 사과의 품질 또한 다소 떨어지면서 농가에서 소득을 보전하는 것이 어려운 지경이었습니다. 그 대안으로 떠오르는 것이 바로 등외품으로 불리는 일명 '못난이 사과'입니다.

리포터의 역할은 현장의 생생한 모습을 전하는 데서 끝나지 않는다. 피해가 발생했다면, 그 사실을 알리는 것에

4장 생생한 리포터의 세계

그치지 않고 이 문제가 어떻게 보전되고, 어떤 과정을 거쳐 복구될 수 있는지까지 함께 짚어야 한다. 현장에서 만난 사람들의 목소리를 통해 현실을 드러내고, 전문가와 관계자의 설명을 연결해 가능한 대안을 제시하는 것 또한 리포터의 몫이다. 시청자가 상황을 이해하는 데서 멈추지 않고, '그다음은 무엇인가'를 생각하게 만드는 것, 그것이 취재 리포터가 전달해야 할 이야기의 완성이다.

Ann 못난이 사과라고 규정하는 기준이 있을지요?

Rep 네, 농산물공판장에는 급에 따라 사과가 선별돼 경매가가 산정되는데, 우선 이 부분에 대한 이야기는 ○○군청 담당자의 설명으로 들어보시죠.

컷 1 (담당자의 녹음 목소리)

하나의 아이템을 취재할 때, 현장의 목소리는 반드시 인터뷰 컷으로 담겨야 한다. 이를 위해 리포터는 담당

    마이크 앞에 서고 싶은 당신에게

자, 시민, 전문가 등 다양한 취재원을 만나 서로 다른 시선과 입장을 균형 있게 전달한다.

다양한 목소리를 담는 일은 단순한 섭외로 끝나지 않는다. 각 취재원이 있는 장소를 직접 찾아가 촬영하거나 녹음을 진행해야 하고, 그 과정에서 시간과 일정, 상황을 모두 조율하는 역할까지 감당해야 한다. 이렇게 모인 여러 목소리가 하나의 흐름으로 엮일 때, 비로소 취재는 완성된 이야기로 거듭난다.

Rep 들으신 이 'B급 사과'가 기존엔 외면받았다면 최근엔 주목받기 시작했는데요. 가성비를 선호하는 소비자들과 함께 사과를 땅콩 잼에 발라 먹는 등 아침 식사 대용으로 가정에서 소비하는 사과가 늘면서 '못난이 사과'가 소비 촉진으로 이어지고 있는 겁니다.

Ann 아무래도 생산량이 줄고 공급이 부족해지면서 사과값 또한 많이 올랐는데, 2024년도 그랬지만 지난해

     4장 생생한 리포터의 세계

에도 그래서 '금'사과라는 별칭이 붙을 정도로 사과 값이 들썩였죠?

Rep 네, 이런 흐름은 유통 현장의 변화에서도 나타나고 있습니다. 관련 이야기 ○○연구원 ○○○ 실장님을 통해 들으시죠.

컷 2 (전문가의 녹음 목소리)

리포터는 취재 과정에서 단편적인 사실을 나열하기보다, 전체를 관통하는 스토리텔링을 설계해야 한다. 예를 들어 사과 농가의 피해 현황을 먼저 전달했다면, 그에 대한 대안으로 '못난이 사과'라는 선택지를 자연스럽게 제시하는 흐름이 필요하다.

이야기는 여기서 멈추지 않는다. 못난이 사과가 실제로 시장에서 어떤 반응을 얻고 있는지로 이어져야 하며, 그 답은 유통 전문가의 인터뷰를 통해 신뢰 있게 전달된다. 이처럼 문제 제기에서 대안, 그리고 검증까지 연결하는 구조가 갖춰질 때, 리포터의 취재는 정보 전달을 넘어 설득력 있는 이야기로 완성된다.

마이크 앞에 서고 싶은 당신에게

Rep 소비자들 또한 비싸고 모양이 매끈하고 예쁜 프리
미엄급 사과와 비교해도 맛과 당도 등에서 큰 차이
가 없다 보니 경미한 외부 결점이나 모양이 사과 구
매에 결정적인 영향을 끼치는 건 아니라고 이야기
합니다.

Ann 흠집이 있어 가격이 낮게 형성되는 '보조개 사과',
또는 '못난이 사과'는 일반 상품과 달리 어느 정도
금액에 거래가 형성될까요?

Rep 네, 일반 상품보다 최대 30%가량 저렴하게 판매되
면서 지역 로컬푸드 직매장을 비롯해 온라인, 홈쇼
핑 등으로 주로 거래되고 있고, 소비자들 또한 생활
비 부담을 줄이거나 맛의 큰 차이가 없다면 실속형
을 선택하는 사례가 늘고 있습니다. 소비자의 이야
기 직접 들어보시죠.

컷 3 (소비자의 녹음 목소리)

마지막으로 소비자를 만나, 사과 농가 피해의 대안으

로 떠오른 못난이 사과에 대한 생생한 반응을 듣는 것이 이 방송의 핵심이다. 현장에서의 선택과 판단이 실제 소비로 이어지고 있는지를 확인하는 과정이기 때문이다. 이때 소비자 인터뷰는 한 사람에 그치기보다, 두세 명 이상의 다양한 목소리를 담는 것이 바람직하다. 못난이 사과를 직접 구매한 다양한 연령층의 소비자, 또는 이를 판매하는 상인의 이야기 등을 통해 이 대안이 시장에서 어떻게 받아들여지고 있는지를 입체적으로 전달할 수 있다. 이러한 과정을 거쳐야 비로소 하나의 아이템은 현안 소개를 넘어, 공감과 설득력을 갖춘 완성도 있는 스토리로 마무리된다.

Ann 과거에는 "보기 좋은 떡이 먹기도 좋다"라는 말이 있었지만 이제는 합리적인 소비를 하는 소비자들이 더 많아졌고 그 흐름이 유통가에도 전반적으로 영향을 끼치는 모양새인 듯합니다.

마이크 앞에 서고 싶은 당신에게

Rep 지난해 12월 농촌진흥청은 국내 농가에서 생산되는 농산물 가운데 평균 10~30%가 외형적 결함으로 인해 시장에 나오지 못한다고 발표했습니다. 그래서 최근엔 'B품 과일'들을 묶은 '못난이 농산물 꾸러미'를 판매하는 곳이 생기는가 하면, '재해피해농산물 등 판매촉진 지원 조례안'을 발의하는 등 제도적 지원에 나서고 있습니다.

Ann 기상이변이 일상이 된 만큼 유통 구조와 함께 대안 마련을 모색하는 것도 시급해 보이고 이와 함께 소비자들의 인식 변화가 중요해 보이네요. 오늘 소식 여기까지 듣겠습니다. 수고하셨습니다.

마무리는 못난이 사과에 대한 긍정적인 반응을 짚는 데서 그치지 않는다. 이 흐름이 일시적인 관심에 머물지 않고 지속적으로 이어지기 위해 어떤 대안과 가능성이 마련되고 있는지를 함께 전하며 이야기를 완성해야 한다. 이렇게 문제 제기에서 대안, 확산 가능성까지 연결될 때 비로소 기승전결이 분명한 스토리텔링이 완성된다.

그리고 이 모든 이야기를 핵심 문장으로 정리해 시청자에게 전달하는 역할을 마무리 멘트의 아나운서가 맡는다. 리포터가 만들어 낸 취재의 흐름을 한 문장으로 압축해 정리하는 순간이다. 스토리를 기획하고, 직접 현장을 취재하며, 취재 내용을 선별·편집해 원고를 완성한 뒤 방송에 참여하는 사람. 이 모든 과정을 혼자서 감당하는 존재이기에, 리포터는 방송인 가운데 누구보다 종합적인 역량을 갖춘 '만능 방송인'이라 할 수 있다.

리포터 현장 취재 전 체크리스트

구분	항목	체크
사전 취재	사건·행사의 핵심 사실 5W1H 정리	☐
	쟁점 포인트 파악	☐
	공식 발표 vs 현장 체감 차이 인지	☐
	담당자 미팅 일정 및 장소 직전 확인	☐
현장 이해	촬영 위치·동선 파악	☐
	통제 구역·출입 가능 범위 확인	☐
	위험 요소(차량·군중·날씨) 체크	☐

질문 준비	필수 질문 정리(답변 유도)	☐
	대답 회피 시 대안 질문 준비	☐
	감정 자극 질문 제외	☐
멘트 준비	스탠딩 오프닝 한 문장 완성	☐
	상황 설명용 예비 멘트 준비	☐
	연결 지연·중단 대비 멘트 숙지	☐
사실 확인	숫자·지명·직함 재확인	☐
	추측·전언 표현 구분	☐
장비 점검	마이크·녹음기의 배터리·예비 장비 확인	☐
	이어폰 모니터링 정상 작동	☐
태도 안전	감정 이입 자제	☐
	현장 인물과 거리 유지	☐
	위험 시 취재 중단 기준 인지	☐

*

가장 생생한 소식은 현장 속에 있다. 편집된 화면보다 더 뜨거운 당신의 발걸음이 오늘 누군가의 세상을 넓혔음을 잊지 마라.

4장 생생한 리포터의 세계

5장

> ## 말하기의
> ## 무한한 가능성

프리랜서 바로 알기

프리랜서로 살기 시작한 지 벌써 10년이 훌쩍 넘었다. 그런데도 가끔 회사에 다니던 시절의 꿈을 꾼다. 그 꿈에서 깨어날 때면 문득 이런 생각이 든다. 아직도 마음 한편에 회사에 대한 미련이 남아 있는 것은 아닐지.

나는 명예퇴직금 한 푼 받지 않고, 내 발로 회사를 나왔다. 그때 나이 서른여섯. 지금 돌이켜 보면 정말 어렸다. 한창 더 일하고, 더 성장해야 할 나이에 14년간 다닌 직장에 스스로 마침표를 찍었다. 누군가는 용기 있다고 했고, 누군가는 무모하다고 말했다. 역시 퇴사와 동시에 현실은 냉정하게 달라졌다.

당장 갈 곳이 없어졌고, 할 일도 사라졌다. 회사에 있

　　　　　　　마이크 앞에 서고 싶은 당신에게

을 때는 하루에도 수십 번 울리던 전화벨이 조용해졌다. 나를 찾는 사람이 없다는 사실이 그렇게 크게 느껴질 줄은 몰랐다. 경제적 여유가 사라지자 돈 쓰는 일도 점점 두려워졌다. 집에만 있는 내 모습이 스스로 보기에도 무능력해 보였고, 어느새 남편의 눈치를 보고 있는 나를 발견했다.

직장을 그만두면 편해질 줄 알았다. 그런데 아이러니하게도 집안일을 하며 눈치를 보는 삶이 회사에서 일할 때보다 더 힘들게 느껴졌다. '삼성 다니는 딸'을 자랑스러워하던 부모님 얼굴을 보는 것도 힘들었다. 하루하루, 퇴사한 선택이 후회로 돌아오던 시간이 분명히 있었다. 이 단계는 직장인에서 프리랜서로 넘어온 사람이라면 아마 99.9%가 겪는 과정일 것이다.

매달 정확한 날짜에 들어오던 월급, 때 되면 입금되던 상여금, PI · PS라는 이름의 성과급, 그리고 공짜처럼 느껴졌던 수많은 복지 혜택들……, 그 달콤한 안정감을 스스로 내려놓는다는 것은 겪어 본 사람만이 아는, 결코 쉬운 선택이 아니라는 사실을 나는 몸으로 배웠다.

　　　　　　　　　　5장 말하기의 무한한 가능성

안정이라는 족쇄를 벗어던지면 후련할 줄 알았다. 하지만 현실은 달랐다. 달라진 삶이 '익숙해질 때까지' 꽤 오랜 시간 동안 후회가 이어졌다. 그 시간을 단축하는 방법은 단 하나였다. '나는 왜 퇴사했고, 무엇을 하고 싶었는가?' 이 질문에 빨리 답을 찾고, 그 방향으로 실제 행동을 옮겨야만 했다.

프리랜서로 성공 가도를 달리고 있는 전현무, 김성주 아나운서와 같은 수많은 프리랜서 방송인들이 회사 규칙과 조직의 틀을 벗어나 스스로 선택하는 삶을 살고 싶어 퇴사를 결정했다고 말한다. 유명한 사람들은 이미 이름값과 인지도가 있었고, 월급과는 비교할 수 없는 프리랜서 수입이 어느 정도 예상되는 상황에서의 선택이었다. 그럼에도 불구하고 월급이 사라진다는 두려움, 미래에 대한 불확실성은 지금도 늘 마음 한편에 달고 산다고 한다.

프리랜서는 시간도 많고, 하고 싶은 일만 하며, 쉬고 싶으면 쉬는 삶이라고 생각한다. 반은 맞고, 반은 틀리다. 자유로움 뒤에는 늘 불안과 두려움이 따라다닌다.

마이크 앞에 서고 싶은 당신에게

그래서 프리랜서는 직장인보다 더 열심히 살아야 한다. 전현무 아나운서는 "물 들어올 때 노 저어야 한다"고 말한다. 언제 일이 끊길지 모르기에 들어오는 일은 가급적 거절하지 않는다고 한다. 채널을 돌리면 어디에서나 그가 보인다. '정말 돈 많이 벌겠다'는 부러움이 들다가도, 문득 이런 생각이 든다. '저 사람은 언제 쉴까. 저러다 쓰러지는 건 아닐까.'

직장인이라면 누구나 한 번쯤 생각하지 않는가. 적당히 일하고, 적당히 눈치 보며, 매달 월급 받는 삶이 얼마나 편안한지. 어쩌면 프리랜서는 직장인보다 자유롭지 못할지도 모른다. '불안'과 '두려움'이라는 더 아픈 족쇄를 달고 사는 삶이니까.

그런데도 사람들이 프리랜서를 선택하는 이유는 분명하다. 내가 하고 싶은 일, 내가 잘할 수 있는 일, 내가 즐겁게 참여할 수 있는 일로 돈을 벌고 싶기 때문이다. 물론 하고 싶은 일을 하며 돈을 번다는 것은 생각보다 훨씬 어렵다. 하지만 그 일을 통해 수입이 생기기 시작하면, 그때의 감각은 마치 '놀면서 돈을 버는 것'처럼 느껴

    5장 말하기의 무한한 가능성

질 만큼 짜릿하다.

지금 퇴사를 고민하고 있는가. 퇴사 후 성공한 사람들의 이야기만 보고 나도 그렇게 될 것이라는 확신만으로 퇴사를 결정해서는 안 된다. 성공을 위해서는 지금 직장에서 겪는 어려움보다 몇 배는 더 큰 시련과 고비를 기꺼이 감당해야 한다.

하지만 분명한 사실도 하나 있다. 그 시련과 고비를 넘어선 사람에게는 달콤한 열매가 기다리고 있다는 것. 프리랜서의 자유는 아무 대가 없이 주어지지 않는다. 그 자유를 감당할 준비가 되었는가, 그 질문에 먼저 답해야 한다.

나는 퇴사를 선택한 이유가 분명했다. 사내 방송을 전담하던 나의 역할이 회사 안에서 사라졌기 때문이다. 간부 승진도 했고, 사내 방송이 없어져도 사내교육을 담당하는 일반 사무직으로 안정적인 직장 생활을 이어 갈 수는 있었다. 실제로 교육 업무를 지원한 것은 교육생들 앞에서 강의하며, 또 다른 형태의 '방송'을 할 수 있을 것이라는 기대에서였다. 그러나 현실의 교육 업무

 마이크 앞에 서고 싶은 당신에게

는 내가 상상하던 모습과는 전혀 다른 세계였다. 문서 중심의 행정, 반복되는 관리 업무 속에서 나는 점점 확신하게 되었다. 나는 여전히 방송을 하고 싶다는 것. 마이크를 잡고, 내가 가장 잘할 수 있는 일을 계속 이어 나가고 싶었다.

그렇게 퇴직을 결정한 후, 고향으로 돌아오게 되었다. 그리고 곧바로 지역 방송사의 리포터로 다시 현장에 섰다. 그것이 나의 '복귀 선언'이었다. 이 일을 발판 삼아 방송과 관련된 다양한 기회가 열릴 것이라 기대했다. 그 중에서도 가장 간절했던 목표는 MC였다. 리포터로 취재 현장을 누비며 수많은 사람들에게 명함을 건넸다. "행사 MC가 필요하시면 꼭 연락 주세요." 하지만 명함을 받아 간 사람들 중 나에게 실제로 전화를 걸어온 이는 단 한 명도 없었다.

지금 생각해 보면 당연한 일이었다. 내가 행사 진행하는 모습을 한 번도 본 적 없는데 증명되지 않은 나에게 누가 선뜻 중요한 행사를 맡기겠는가. 혹시라도 행사가 어긋나면, 소개한 사람에게까지 책임이 돌아갈 수 있으니 그 누구도 모험을 하고 싶지 않았을 것이다.

그때 깨달았다. 나의 실력을 직접 보여 주지 않으면 명함 수천 장은 아무 의미가 없다는 사실을. 지금처럼 유튜브나 개인 영상 채널이 활성화되지 않았던 시절에는 나를 증명할 방법이 극히 제한적이었다. 그럼에도 분명한 것은 하나였다. 가만히 앉아 불러 주기만을 기다려서는 아무 일도 일어나지 않는다는 것.

고향으로 돌아온 지 2년이 지나서야 내게 MC의 첫 기회가 찾아왔다. 작은 인터넷 방송사에서 리포터로 일하며 알게 된 한 카메라 감독님과의 인맥 덕분이었다. 그는 함께 일하는 나를 주변에 적극적으로 추천해 주었고, 그 인연으로 오케스트라 음악회의 첫 MC를 맡으며 지역에서 공식적인 데뷔를 하게 되었다.

그 무대에는 과거에 명함을 건넸던 한 분도 자리하고 있었다. "아직 MC 보는 걸 한 번도 못 봤으니, 기회가 생기면 꼭 알려 달라"고 했던 분이다. 나는 그 약속을 잊지 않았고, 그분 역시 약속을 지켰다. 다리가 떨리고, 입술이 마르던 첫 무대를 마친 뒤 그분이 조용히 건넨 한

     마이크 앞에 서고 싶은 당신에게

마디는 아직도 선명하다.

"목소리가 참 좋네요. 앞으로 잘될 것 같아요."

그날 이후, 흐름이 바뀌기 시작했다. 나를 보고 간 분이 다음 일을 연결해 주었고, 그 현장에서는 이벤트 업체 대표가 먼저 명함을 달라고 했다. 예전에는 내가 아무리 명함을 건네도 연락이 없었는데, 이제는 "연락드릴 테니 명함 주세요."라는 말을 듣게 된 것이다. 어느 순간부터 나는 더 이상 명함을 돌리지 않아도 되는 사람이 되어 있었다. 현장에서 나를 본 사람들이 "저 사람 누구냐"고 묻고, 연락처를 수소문해 연락이 오기 시작했다. 그렇게 연간 한두 번도 힘들게 무대에 섰던 내가, 이제는 100번 이상 무대에 서는 MC가 되었다.

이 과정을 통해 분명히 알게 되었다. 내가 하고 싶은 일이 있고 잘할 수 있다고 해서 말로 아무리 설명해도 소용이 없다는 것. 반드시 눈으로 확인시켜 주어야 한다. 무대에 서고 싶다면 처음에는 돈을 받지 않고 행사 사회도 보고, 무료 강의, 무료 노래 봉사로라도 나의 실력을 증명해야 한다. 대가보다 기회가 더 중요하기 때문이다.

　　　　　　　5장　말하기의 무한한 가능성

그리고 준비된 실력자라면, 반드시 누군가의 입을 통해 이야기가 퍼져 나간다.

"한 번의 평판은 천 번의 광고보다 강하다."

프리랜서 세계에서 입소문만큼 빠르고 강력한 홍보는 없다.

많은 직업, 나를 확장하는 법

김 아나운서님, MC님, 강사님, 선생님, 작가님, 기자님, 리포터님. 사람들이 나를 부르는 직함들이다. 내 직업이 하나라고 해서, 내가 하는 일이 하나인 시대는 이미 지났다. 이제는 내가 하고 있는 일을 확장해 여러 역할을 함께 해 나가야 하는 시대다. 평생직장은 사라졌다. 대신 평생직업만이 남았다. 한 가지 역할에만 기대어 살기에는 불안한 시대이고, 너무도 빠르게 변화하는 세상 속에서 나의 일 또한 끊임없이 변화하고 확장되어야만 한다.

 마이크 앞에 서고 싶은 당신에게

말했듯이 나의 시작은 학교 방송반 아나운서, 그리고 사내 방송 아나운서였다. 카메라 앞에서 정확한 발음으로 소식을 전달하는 것이 내 일이었다. 그때는 내가 평생 무대에 서게 될 줄도, 무대의 형태가 이렇게 다양해질 줄도 상상하지 못했다.

방송을 하다 보니 현장으로 불려 나갔다. 리포터이자 기자로서 마이크를 들고 사람들 사이로 들어갔다. 정해진 대본은 참고 자료일 뿐, 현장의 흐름을 읽고 즉각적으로 대응하는 능력이 무엇보다 중요했다. 인터뷰에서는 질문 하나에도 상대의 표정과 분위기를 먼저 읽어야 했다. 원하는 답변을 이끌어 내기 위해 질문을 어떻게 던져야 하는지도 몸으로 배웠다. 그때 처음 알았다. 말을 '전달하는 일'과 '소통하는 일'은 전혀 다르다는 것을.

방송 현장이 확장되면서 행사 사회를 맡게 되었고, 무대는 더 커졌다. MC는 단순히 말을 잘하는 사람이 아니었다. 현장의 흐름을 읽는 것만으로는 부족했다. 행사의 시작과 끝, 흐름과 호흡, 예기치 못한 사고와 그에 대한 수습까지 모든 책임이 MC에게 모였다. 무대 가장 앞에

　　　　　　　　　　　5장　말하기의 무한한 가능성

선다는 것은 가장 많은 것을 보고, 가장 먼저 움직여야 한다는 뜻이었다.

지역에서 아나운서로 다양한 일을 하다 보니 스피치 강의 요청이 들어오기 시작했다. 그렇게 강단에 서게 되었다. 강사는 말을 통해 사람을 움직이는 사람이었다. 정보를 전달하는 것이 아니라 생각을 바꾸고 행동을 이끌어 내는 역할이었다. 스피치 강의를 시작으로 면접 강의, 대화법, 발표력 강의까지 자연스럽게 확장되었다. 보다 전문적인 강의를 위해 KDI 전문 강사 자격을 취득했고, 현재는 경제 강의까지 병행하고 있다.

방송에서 길러진 정확한 전달력, 행사장에서 쌓은 현장 감각, MC로서 익힌 흐름 조율 능력이 강단이라는 무대 위에서 하나로 연결되었다. 그제야 나는 알았다. 지금까지의 모든 경험이 이 순간을 위한 준비였다는 것을. 나는 직업을 바꾼 적은 없다. 대신 역할을 확장해 왔다.

아나운서, 리포터, MC, 강사. 이름은 달라도 본질은 같았다. 사람들 앞에 서서 메시지를 정리해 전달하고, 그 공간의 흐름을 책임지는 일. 많은 사람이 묻는다. 어

 마이크 앞에 서고 싶은 당신에게

떻게 그렇게 여러 일을 하게 되었느냐고. 대단한 전략이 있었던 것은 아니다. 다만 한번 맡은 무대는 내 일처럼 챙겼고, 시키지 않은 일까지 한발 먼저 움직였으며, '잘했다'는 말보다 '편했다'는 말을 듣고 싶었다. 신기하게도 그 태도는 다음 무대로 이어졌다.

"이분이면 이 일도 가능하겠네요."

확장은 늘 그렇게 시작됐다. 여러 직업을 가진다는 것은 정체성이 흔들린다는 뜻이 아니다. 오히려 중심이 분명해야 확장이 가능하다. 내 중심은 늘 같았다. 마이크 앞에 서는 사람이라는 것. 형태는 바뀌어도 본질은 변하지 않는다. 나는 여전히 사람 앞에서 말하는 사람이고, 그 말에 책임지는 사람이다. 직업은 하나일 필요가 없다. 중심만 분명하다면, 무대는 얼마든지 넓어질 수 있다. 넓혀 가야만 한다. 그리고 그 무대를 확장하는 가장 강력한 무기는, 결국 당신의 '말'이다.

　　　　5장　말하기의 무한한 가능성

N잡러 시대, 말하기 보험

평생직장의 개념이 사라진 N잡러 시대, 우리는 누구나 스스로를 증명해야 하는 '1인 기업'이 되었다. 내가 다양한 역할의 옷을 갈아입으며 깨달은 단 한 가지 진리는, 어떤 일을 하든 결국 '말'이 내 가치를 결정짓는다는 사실이다. 더 중요한 것은 방송인에게만 화려한 화술이 필요한 게 아니다.

회의실에서, 면접장에서, 혹은 SNS의 짧은 영상 속에서……, 우리는 매 순간 자신만의 '라이브 방송'을 하고 있기 때문이다. 이제 방송인의 영역을 넘어, 모든 이에게 '말공부'가 인생의 무기가 되어야 하는 이유를 생생한 경험과 함께 나누려고 한다.

 마이크 앞에 서고 싶은 당신에게

말은 합격의 특약이다

– 면접관의 허를 찌르는 합격 말하기

면접 스피치 강의 중 만난 한 수강생의 사례이다. 이 수강생은 국내 담배 제조 회사 면접을 앞두고 있었는데, 내가 면접관이 되어 모의 면접을 진행했다.

"만약 남자 친구가 담배를 피운다면 어떻게 하겠습니까?"

도덕적 가치관과 회사의 이익 사이에서 갈등하게 만드는 다소 까다로운 질문이었다. 수강생은 잠시 생각하더니 망설임 없이 답했다.

"이왕 피울 거면 우리 회사 국산 담배만 피우라고 하겠습니다."

단순한 답변을 넘어, 회사에 대한 애정과 센스 있는 유머를 동시에 보여 준 기발한 한마디였다. 나는 이 답변을 실전 면접에서도 반드시 활용하라고 조언했고, 수강생은 결국 당당히 합격 통보를 전했다. 이후 강의에서 다른 수강생들에게도 같은 질문을 던져 보았다. 대부분

"건강을 위해 금연을 권유하겠다"거나 "상대의 취향을 존중하겠다"는 개인적이고 도덕적인 답변에 그쳤다. 누구나 예상할 수 있는 뻔한 답변이었다.

하지만 합격한 수강생의 답변은 달랐던 것이다. 회사는 결국 이윤을 추구하는 집단이다. 사소한 농담 속에서도 애사심을 드러내는 인재에게 마음이 가는 것은 당연한 이치다. 또한 압박 질문에 당황하지 않고 재치 있게 받아넘긴 모습은 돌발 상황에서의 '유연한 대처 능력'을 증명했고, 유머러스한 답변은 조직의 분위기를 밝게 만들 '호감형 인재'라는 확신을 주었다. 수백 명의 지원자가 비슷한 모범 답안을 내놓을 때, 자신만의 독특한 관점으로 면접관의 뇌리에 강렬한 인상을 남긴 것이다.

이처럼 정해진 모범 답안보다 상황을 반전시키는 말 한마디가 면접관의 마음을 움직이는 결정적인 도구가 되기도 한다. 말의 중요성은 바로 이런 '찰나의 진심과 센스'에서 빛을 발한다. 말 한마디가 가진 힘이 얼마나 중요한지를 보여 주는 사례이다.

    마이크 앞에 서고 싶은 당신에게

로널드 레이건 대통령의 '나이' 공격 방어

미국 레이건 대통령은 대선 토론 중 고령이라는 약점을 공격받았다. "당신은 너무 늙었는데, 위기 상황에서 국가를 잘 이끌 수 있겠느냐"는 질문에 그는 이렇게 답했다. "나는 이번 캠페인에서 나이 문제를 정치적으로 이용하지 않겠다. 상대 후보가 너무 젊고 경험이 없다는 점을 정치적 목적으로 이용하지 않겠다는 뜻이다." 이 한마디에 청중은 폭소를 터뜨렸고, 나이라는 단점은 순식간에 '노련함'이라는 장점으로 바뀌었다.

담배 제조 회사 취업을 준비하던 수강생이 부정적일 수 있는 질문(흡연)을 긍정적인 가치(애사심)로 바꾼 것과 맥을 같이하는 '말의 기술'이다.

     5장 말하기의 무한한 가능성

말은 평가를 바꾼다

– S등급을 만든 목소리의 힘

코로나19는 우리 모두의 삶을 멈춰 세웠다. 축제와 행사가 전면 취소되면서 MC이자 강사였던 나의 무대도 순식간에 사라졌다. 그때 내가 찾은 새로운 길은 '기간제 교사'였다. 중등 교사 자격증이 있었기에 가능한 선택이었지만, 나는 학교에서 본업을 꽁꽁 숨겼다. "전직 아나운서입니다."라고 말하는 순간, 온갖 복잡한 말하기 업무가 내게 쏟아질 것을 알았기 때문이다. 새로운 환경에서 튀지 않고 조용히 내 할 일만 하고 싶었던, 일종의 '방어기제'였다. 하지만 사람들의 눈과 귀는 예리했다. 내가 입을 떼기도 전부터 동료 교사들은 묻곤 했다.

"선생님, 혹시 원래 하시던 일이 뭐예요? 말씀하시는 게 꼭 아나운서 같아요."

"선생님 수업은 듣고 있으면 꼭 방송을 보는 것 같아요."

결국 꼬리가 길면 밟히듯 나의 정체는 탄로 났고, 고

등학교 근무 시절 말하기의 중요성을 확실히 느낀 순간
이 찾아왔다. 바로 '대학수학능력시험' 날이었다. 수능
당일, 나는 아나운서 출신으로 당연히 방송 담당이라는
중책을 맡게 되었다. 정해진 시간에 정확히 종을 울리
고, 영어 듣기 평가 라디오 주파수를 맞추어 송출하고,
전교생의 긴장을 다독이며 주의 사항을 전달하는 안내
방송을 직접 해야 하는 일이었다. 그날 하루, 나는 기간
제 교사가 아닌 '방송실의 아나운서'로 돌아갔다.

"수험생 여러분, 이제 대학수학능력시험 1교시 시험
시작까지 약 5분 남았습니다. 지금부터 시험 시작 전까
지 자리에 앉아 정숙을 유지해 주시기 바랍니다."

"수험생 여러분, 이상으로 대학수학능력시험이 모두
종료되었습니다. 수고하셨습니다."

시험이 끝난 후, 반응이 뜨거웠다. 동료 교사들은 "정
말 아나운서가 온 줄 알았다", "우리 학교 학생들은 선생
님 목소리 덕분에 마음이 편안해져서 시험을 잘 봤을 거
다"라며 기분 좋은 칭찬을 쏟아 냈다. 심지어 학교를 방
문한 장학사는 방송실까지 찾아와 누가 방송했는지 확인

   5장 말하기의 무한한 가능성

했고, 교육청에 돌아가서도 우리 학교의 완벽했던 방송 운영을 칭찬했다는 후문을 들었다.

결과는 놀라웠다. 나는 그해 교직원 평가에서 최고 등급인 'S'를 받았다. 물론 담임을 맡으며 문제없이 근무한 덕도 있었겠지만, 수능 당일 보여 준 단 한 번의 '제대로 된 말하기'가 나에 대한 평가를 압도적인 신뢰로 바꿔놓았음을 나는 확신한다. 방송이라는 특수한 기회였지만, 나는 이것이 결코 우연히 만들어진 결과라고 생각하지 않는다. 교사가 아니었더라도, 누구에게나 자신의 자질을 '말'로 드러내야 하는 순간은 반드시 찾아오기 때문이다. 말하기는 '능력'의 증거였다.

그때 깨달았다. 말은 내 능력을 설명하는 수단이 아니라, 내가 능력이 있다고 믿게 만드는 가장 확실한 '증거'라는 것을. 특히 직급이 낮을수록, 혹은 계약직처럼 내 자리가 불안한 사람에게 말하기는 그 무엇보다 강력한 보험이 된다. 실력은 보여 줄 기회가 오기 전까지는 '잠재력'에 불과하지만, 말은 내뱉는 순간 곧바로 '실력'으로 드러나기 때문이다.

　마이크 앞에 서고 싶은 당신에게

내가 누구인지, 무엇을 할 수 있는지 구구절절 설명할 필요는 없다. 단단하고 정돈된 목소리로 입을 여는 것만으로도 세상은 당신을 다르게 평가하기 시작할 것이다. 이것이 내가 N잡러 시대에, 방송인이 아닌 당신에게도 '말 공부'가 인생의 가장 든든한 보험이라고 확신하는 이유다.

윈스턴 처칠의 반전

역사상 가장 위대한 연설가로 꼽히는 윈스턴 처칠도 처음부터 완벽한 평가를 받았던 것은 아니다. 젊은 시절 그는 혀가 짧아 발음이 부정확했고, 대중 앞에 서면 극심한 공포를 느끼던 평범한 정치인이었다. 하지만 그는 자신의 약점을 숨기는 대신, 매일 거울을 보며 말하기를 연구했다. 결국 2차 세계대전이라는 위기 속에서 그의 목소리는 영국 국민에게 '우리는 결코 굴복하지 않는다'는 확신을 주었고, 그는 '전쟁 영웅'이라는 최고의 평가를 얻어 냈다.

내가 수능 방송실에서 아나운서의 목소리로 학교의 평가를 S등급으로 바꿔 놓았듯, 말은 단순히 정보를 전달하는 행위를 넘어 나의 존재 가치를 재정의한다. 내가 나를 어떻게 정의하느냐보다, 내 말이 타인에게 어떻게 들리느냐가 결국 나의 진짜 '등급'이 된다.

말은 기회를 만든다
– 다시 찾고 싶은 사람의 결정적 센스

행사 진행자로 일하며 가장 자주 마주치는 이들은 공연팀과 가수들이다. 그들은 화려한 퍼포먼스로 시선을 사로잡고, 소름 돋는 고음과 역동적인 댄스로 무대를 장악한다. 관객의 눈에는 모두가 일정한 수준 이상의 실력을 갖춘 베테랑들이다. 하지만 냉정한 프로의 세계에서 매번 섭외 1순위로 불려 다니는 사람과, 단 한 번의 출연으로 끝나는 사람의 차이는 극명하게 갈린다. 그 격차를 만드는 결정적인 한 끗은 노래 실력이 아니라, 무대 사

 마이크 앞에 서고 싶은 당신에게

이사이 관객과 나누는 '대화', 즉 말하기에 있다.

최근 현장에서 가장 자주 만나는 가수 중 한 명이 박서진 씨다. 신들린 듯한 장구 연주와 압도적인 가창력은 말할 것도 없지만, 정작 나를 놀라게 하는 건 그의 남다른 입담이다. 그는 말 한마디로 관객을 들었다 놨다 하며 행사장을 웃음바다로 만든다. MC인 내가 따로 유튜브 영상을 찾아보며 배우고 있을 정도로 그의 말 센스는 탁월하다.

공연장 분위기를 살리기 위해 "오늘 여기 오신 누님들, 표정이 왜 이래요? 집에 가스불 끄고 왔나 걱정하고 계신 거예요?", 어린 팬에게 용돈을 주는 상황에서 "시장님, 제가 지갑을 두고 왔는데 만원만 빌려주세요. 내년 축제 때 다시 불러 주시면 그때 와서 꼭 갚을게요.", 노래 부르다 살짝 문제가 생기자 "여러분 제가 노래 부를 때 박자 좀 안 맞아도 이해해 주세요. 제가 오늘 누님들 미모에 취해서 정신을 못 차리겠어요.", 음향 사고로 마이크가 꺼졌을 때 "아이고, 마이크도 제 노래 듣다가 감동해서 목이 메었나 봅니다."

　　　　　　　　　　5장 말하기의 무한한 가능성

적재적소에 터지는 그의 재치와 순발력은 단순히 웃음을 주는 데 그치지 않는다. 관객을 무대의 주인공으로 만들고, 주최 측에게는 자연스럽게 다음 기약을 이끌어 낸다. 연구를 거듭한 듯한 그 정교한 유머와 상황 대처 능력에 관객들은 열광하고, 주최 측은 다시 그를 찾을 수밖에 없다.

축제 무대에 오르는 가수들은 모두 노래와 댄스 실력을 갖추고 있다. 하지만 그 치열한 경쟁 속에서 최상위 포지션을 유지하는 이들은 하나같이 말 한마디로 분위기를 반전시키는 능력을 갖춘 사람들이다.

말은 '다음 기회'를 부르는 신호다. 비단 무대 위의 가수들뿐만이 아니다. 모든 분야에서 똑같은 재능을 가졌어도 말을 어떻게 하느냐에 따라 몸값과 경쟁력이 결정된다. 실력은 현재의 일을 수행하는 도구일 뿐이지만, 말은 그다음 기회를 불러오는 강력한 신호가 되기 때문이다.

사람들은 단순히 일을 잘하는 사람보다, 함께할 때 즐겁고 소통이 잘 되는 사람을 곁에 두고 싶어 한다. 실력

     마이크 앞에 서고 싶은 당신에게

이 비슷하다면 세상은 반드시 '말 잘하는 사람'의 손을 들어준다. 말은 지금 내가 하는 일을 설명하는 도구가 아니라, 내일의 나에게 더 큰 무대를 선물하는 가장 확실한 투자다.

오프라 윈프리의 '공감의 기술'

미국 토크쇼의 여왕 오프라 윈프리는 화려한 외모나 완벽한 가창력을 가진 사람이 아니었다. 하지만 그녀는 출연자와 관객의 마음을 여는 '질문의 힘'과 '리액션'이라는 말하기 무기를 가지고 있었다. 그녀는 방송 도중 상대의 이야기에 진심으로 눈물 흘리고, 적재적소에 따뜻한 위로의 말을 건넸다. 이 '말의 기회'를 잡은 덕분에 그녀는 단순한 리포터에서 전 세계에서 가장 영향력 있는 여성으로 성장했다.

가수 박서진 씨가 무대 사이사이 던지는 재치 있는 말이 다음 축제 섭외의 신호탄이 되듯, 준비된 실력에 '말의 센

　　　　　　　　　　5장 말하기의 무한한 가능성

스’를 더하는 순간 기회는 줄을 서기 시작한다. 말은 지금
에 머물지 않고 다음 무대를 열어 주는 예고편이기 때문
이다.

말은 눈높이다
— 아나운서의 목소리가 소음이 된 순간

나는 KDI 인증 경제 전문 강사로서 용돈 관리부터 투
자, 환율에 이르기까지 폭넓은 주제로 대중을 만난다.
행사장에서의 성인들, 학교에서의 중고등학생들은 나의
정확한 발음과 또랑또랑한 발성을 ‘신뢰의 증거’로 받아
들였다. 아나운서로서 다져 온 전달력은 강사로서의 나
를 지탱하는 가장 큰 자부심이자 무기였다. 나는 내 말
하기에 어떤 빈틈도 없다고 자만했다. 하지만 그 자신감
이 처참하게 무너지는 데는 그리 오랜 시간이 걸리지 않
았다. 유치원생들을 만났을 때였다.
“여러분 안녕하세요! 오늘 여러분과 용돈 공부를 하러

　마이크 앞에 서고 싶은 당신에게

온 선생님이에요. 반가워요!"

평소처럼 완벽한 복식호흡과 정교한 발음으로 인사를 건네는 순간, 예상치 못한 폭격이 시작되었다.

"선생님, 용돈이 뭐예요?"

"선생님, 저 쉬 마려워요!"

여기저기서 아이들의 질문은 꼬리에 꼬리를 물었다.

"할머니가 주는 것도 용돈이에요? 그럼 엄마가 주는 건요?"

여기저기서 튀어나오는 아이들의 말에 대답하느라 정신이 혼미해질 때쯤, 한쪽에서는 아이 둘이 투덕투덕하더니 고래고래 소리를 지르며 울음을 터뜨렸다. 담임 선생님의 도움으로 겨우 분위기를 추슬러 수업을 마쳤지만, 어떻게 진행했는지 기억조차 나지 않을 정도로 처참한 패배였다. '내가 과연 이 아이들을 다시 가르칠 수 있을까……' 하는 근본적인 회의감까지 들었다.

며칠 후, 나는 유치원 원장 출신의 베테랑 강사님의 수업을 참관할 기회를 얻었다. 그의 전략은 나와 완전히 달랐다. 그는 교실에 들어서자마자 인사 대신 유튜브 율

　　　　5장 말하기의 무한한 가능성

동 영상을 재생했다. 아이들의 시선은 순식간에 화면으로 쏠렸다. 용돈 공부 내용을 담아 개사한 동요에 맞춰 아이들은 춤을 추고 노래했다. 영상이 끝나자 강사님이 속삭이듯 물었다.

"여러분, 노래 속 돼지는 용돈 받아서 뭐 사 먹었죠?"

"아이스크림요!"

"그럼 고양이는 용돈 받아서 뭐 했어요?"

"저금했어요!"

"맞아요, 저금했어요. 우리도 오늘 고양이처럼 멋지게 저금해 볼까요?"

아이들은 약속이라도 한 듯 강사님의 입술만 쳐다보며 "네!"라고 외쳤다. 소리를 지르는 아이도, 딴청을 피우는 아이도 없었다. 그곳엔 아나운서의 완벽한 발음보다 강력한 '눈높이의 마법'이 흐르고 있었다.

말은 내가 하는 것이 아니라, 상대가 듣는 것이다. 그날 나는 처음으로 실감했다. 말하기의 기준은 '내가 얼마나 잘 말하는가'가 아니라 '상대가 얼마나 이해했는가'에 있다는 사실을. 상대가 이해하고 집중할 수 있는 언어를

마이크 앞에 서고 싶은 당신에게

선택하지 않는다면, 아나운서의 목소리도 그저 '소음'에 불과했다.

이후 나는 '나의 무기'를 내려놓는 연습을 시작했다. 아이들을 만날 때는 발음의 정확도보다 표정의 풍부함에 집중했고, 어려운 경제 용어 대신 아이들이 좋아하는 캐릭터의 이야기를 빌려 왔다. 전문 용어를 걷어 내고 어린이의 언어로 번역하는 과정을 거치고 나서야, 나의 말은 비로소 그들의 마음에 닿기 시작했다. 상대의 눈높이에 맞추지 못하는 말은 공허한 메아리일 뿐이다. 내 목소리의 톤을 낮추고 상대의 시선에 눈을 맞출 때, 말은 비로소 기적을 만든다.

리쳐드 파인만의 '6살 아이의 원칙'

노벨 물리학상 수상자인 리쳐드 파인만은 천재 과학자였지만, 그의 위대함은 '쉬운 설명'에서 나왔다. 그는 "어떤 개념을 6살 아이에게 설명할 수 없다면, 당신은 그것을 진

 5장 말하기의 무한한 가능성

정으로 이해한 것이 아니다."라고 말했다. 그는 아무리 복잡한 양자역학이라도 상대의 눈높이에 맞춰 일상의 언어로 풀어냈다.

유치원생들 앞에서 아나운서의 전달력이 무용지물이었던 나의 경험처럼, 전문성이란 어려운 용어를 쓰는 것이 아니라 상대가 이해할 수 있도록 '번역'하는 능력이다. 말하기의 권력은 말하는 자가 아니라 듣는 자에게 있다. 상대의 눈높이로 맞춰질 때, 비로소 나의 메시지가 상대의 가슴에 닿는다.

말은 설득의 온도다

― 백 마디 말보다 강력한 지도 한 장

대화의 궁극적인 목적은 대개 '설득'으로 귀결된다. 내 의견에 동의를 얻고, 원하는 결과물을 이끌어 내는 과정 말이다. 하지만 우리는 흔히 설득을 '내 주장을 관철하는 화려한 기술'로 착각하곤 한다.

마이크 앞에 서고 싶은 당신에게

얼마 전 친척 어르신 댁에서 목격한 광경은 그 착각을 보기 좋게 깨뜨려 주었다. 거실에서는 민간 개발회사 직원들과 어르신의 대화가 한창이었다. 개발업체 본부장은 아파트 건설 사업을 위해 지주들의 동의서가 절실한 상황이었다. 그는 쉴 새 없이 말을 쏟아 냈다.

"동의서 사인은 법적 효력이 없습니다. 소유권이 넘어가는 것도 아니고 밑져야 본전이니 보험 하나 들었다 생각하면 됩니다. 어차피 나중에 몇 프로 이상 동의를 받으면 반대하시는 분들도 다 따라오게 되어 있습니다."

그의 말은 논리적이었고 막힘이 없었다. 하지만 어르신은 좀처럼 움직이지 않았다.

"농사짓기도 힘들고 토지 거래도 안 되는데 땅값 비싸게 보상해 주면 좋지. 그런데 동네 사람들 생각이 어떤지 모르겠어. 내가 먼저는 못 찍겠네. 다른 사람들 다 하면 그때 가져와요. 반대가 아니라 나중에 찍겠습니다."

본부장은 답답한 듯 같은 말을 반복했다.

"어차피 결과는 똑같은데 지금 하시나 나중에 하시나 무슨 차이입니까?"

설득이 이어질수록 어르신의 말수가 오히려 줄어들고 있었다. 그때, 듣고만 있던 옆자리의 개발업체 실장이 지도 한 장을 꺼내 어르신에게 보여 주었다. 지도에는 이미 동의한 집들의 땅 위에 스티커가 붙어 있었다. 실장은 긴말을 하지 않았다.

"어르신, 벌써 이만큼이나 하셨어요. 여기 윗동네 분도 하셨고, 그 아래 축사 집도 이미 하셨네요."

어르신 목소리 톤이 바뀌었다.

"어라, 윗동네 ○○○도 했네? 축사 집 여기도 벌써 했다고? 그럼 뭐……, 나도 하지."

어르신은 그 자리에서 바로 펜을 들었다. 본부장의 수만 마디 말이 하지 못한 일을 지도 한 장이 순식간에 해치운 순간이었다.

설득은 이기는 것이 아니라 읽는 것이다. 본부장은 '말'로 이기려 했고, 실장은 '상황'을 읽어 냈다. 실장은 어르신을 설득하려 들지 않았다. 대신 어르신이 가진 두려움과 불편함의 실체를 정확히 꿰뚫고, '당신이 혼자가 아니다'라는 사실을 시각적으로 증명했을 뿐이다.

　　　　　　　　마이크 앞에 서고 싶은 당신에게

그 순간 대화의 결이 바뀌었다. 사인은 긴 설득의 결과가 아니라, 깊은 '이해'의 결과물이었다. 우리는 흔히 말을 잘하면 상대를 내 마음대로 조종할 수 있다고 믿는다. 하지만 진정한 말하기의 고수는 상대를 바꾸려 하기 전에 상대를 먼저 읽어 낸다.

설득을 통해 가치를 만들어 내야 하는 모든 직업인에게 필요한 능력은 바로 이것이다. 화려한 수식어로 상대를 현혹하는 것이 아니라, 상대가 미처 내뱉지 못한 속마음을 캐치하는 능력. 말은 상대를 굴복시키는 칼이 아니라, 상대의 마음을 여는 열쇠여야 한다. 결국 돈을 부르고 기회를 만드는 말하기는, 내 입이 아니라 상대의 마음에서 시작된다는 사실을 잊지 말아야 한다.

스티브 잡스의 '설득의 비결'

스티브 잡스가 펩시 콜라의 사장이었던 존 스컬리를 영입할 때 던진 한마디는 전설로 남았다. 수많은 조건을 제시

  5장 말하기의 무한한 가능성

하며 설득하려던 전문가들과 달리 잡스는 딱 한 문장을 던졌다. "남은 인생 동안 설탕물이나 팔겠습니까, 아니면 나와 함께 세상을 바꾸겠습니까?" 그는 존 스컬리가 가진 '공에 대한 갈증'과 '삶의 의미'라는 온도를 정확히 읽어 냈다.

개발 회사 실장이 수많은 말 대신 지도 한 장으로 어르신의 두려움을 해소해 주었듯, 설득의 핵심은 화려한 수식어가 아니다. 상대가 지금 무엇을 망설이는지 그 온도를 체크하고, 그 빈틈을 메워 주는 통찰력이다. 말은 상대를 바꾸는 강요가 아니라, 상대를 이해하는 배려에서 시작될 때 가장 뜨거운 힘을 발휘한다.

말은 치유의 서막이다
— 백 번의 처방보다 따뜻한 말 한마디

세상에서 가장 발걸음이 무거운 곳을 꼽으라면 단연 병원일 것이다. 문을 열고 들어서는 순간부터 묘한 긴장

    마이크 앞에 서고 싶은 당신에게

감이 흐르고, 평소 아무렇지 않던 몸조차 어딘가 더 아픈 것 같은 착각에 빠지곤 한다. 환자에게 병원은 단순히 약을 처방받는 곳이 아니다. 의사와 간호사의 표정 하나, 말 한마디에 내 삶의 희망과 절망이 교차하는 곳이다.

얼마 전, 정기검진을 위해 지역에서 친절하기로 소문난 한 병원을 찾았다. 대기실에 앉아 순서를 기다리던 중 흥미로운 광경을 목격했다. 간호사들이 쉴 틈 없이 전화를 걸고 있었는데, 알고 보니 전날 다녀간 환자들에게 안부를 묻는 '해피콜' 서비스였다. 진료 후 불편함은 없었는지, 주의 사항은 무엇인지 꼼꼼히 챙기는 모습에서 과연 소문난 병원답다는 생각이 들었다.

하지만 직업적 본능 때문일까. 내 귀에는 환자를 대하는 두 간호사의 상반된 '목소리 톤'이 선명하게 대비되어 들어왔다. 간호사 A는 차분하다 못해 건조한 저음이었다.

"○○병원 내과입니다. 어제 다녀가신 ○○ 님 맞으시죠?"

그녀의 낮은 목소리를 듣는 순간, 옆에 있던 나조차

          5장 말하기의 무한한 가능성

가슴이 덜컥 내려앉았다. '저 환자, 검사 결과가 안 좋나? 안 좋은 결과를 전해야 해서 목소리가 저렇게 가라앉았나?' 하는 불길한 상상이 스쳤다. 수화기 너머 환자도 분명 같은 공포를 느꼈으리라. 뒤이어 "아니요, 뭐가 안 좋아서 전화한 게 아니고요……"라는 해명이 이어졌다. 안심시키려 건 전화였지만, 이미 간호사의 목소리 톤이 환자에게 '걱정'이라는 불안을 처방해 버린 뒤였다. 마지막 멘트 역시 "예약 시간 늦지 않게 오세요."라는 지시형으로 마무리되었다.

반면, 간호사 B는 텔레마케터 못지않은 밝은 '솔(Sol)' 톤의 목소리였다.

"안녕하세요! 어제 다녀가신 ○○ 님 맞으시죠? 안부차 연락드렸어요."

들기만 해도 기분이 환해지는 목소리였다. 그녀는 환자의 대답에 공감하며 "다행이네요. 다음 진료 때까지 영양가 있는 음식 많이 챙겨 드시고요. 어제 고생 많으셨어요!"라고 따뜻하게 덧붙였다. 그녀의 전화는 안부를 넘어선 '치유'였다. 환자는 그 목소리만으로도 이미 병의

        마이크 앞에 서고 싶은 당신에게

절반은 나은 듯한 위로를 받았을 것이다.

두 간호사 모두 병원에서 정한 서비스 매뉴얼을 충실히 이행했다. 하지만 결과는 천지 차이다. 한쪽은 환자의 가슴을 철렁하게 만드는 '불안의 신호'였고, 다른 한쪽은 내 건강을 진심으로 바라는 '안심의 명약'이었다.

말 한 끗의 온도 차이가 누군가에게는 공포가 되고, 누군가에게는 치유의 시작이 된다. 병원에서의 해피콜 서비스는 훌륭한 시스템이지만, 그것을 완성하는 것은 결국 상대방의 마음을 어루만지는 목소리의 친절함이다. 말은 때로 주사기보다 날카롭고, 때로는 어떤 처방보다 따뜻한 치유의 서막이 된다.

미국의 시인이자 인권운동가 마야 안젤루

"사람들은 당신이 한 말을 잊고, 당신이 한 행동을 잊는다. 그러나 당신이 어떤 기분을 느끼게 했는지는 절대 잊지 않는다." 마야 안젤루의 이 통찰은 병원이라는 특수한

　　　　　　5장 말하기의 무한한 가능성

공간에서 더욱 날카로운 진실이 된다. 환자들은 간호사가 안내한 구체적인 검사 수치나 복잡한 의학 용어는 시간이 지나면 잊어버릴지 모른다. 하지만 가슴을 덜컥 내려앉게 했던 간호사 A의 무거운 저음과, 반대로 '아, 이제 살았구나'라는 안도감을 주었던 간호사 B의 밝은 솔(Sol) 톤이 준 '기분'은 평생의 기억으로 남는다.

N잡러 시대, 당신도 누군가에게 서비스를 제공하는 입장이라면 나의 말이 상대에게 어떤 예고편이 되고 있는지 점검해 보자.

말은 관계를 만든다
– 칼보다 무서운 날카로운 말하기의 비극

말 한마디로 평생을 함께한 고향 친구와 남남이 된 지인의 이야기를 들으며 안타까운 마음이 든 적이 있다. 열 길 물속은 알아도 한 길 사람 속은 모른다는 속담처럼, 아무리 가까운 사이라고 해도 상대의 마음 깊은 곳

마이크 앞에 서고 싶은 당신에게

까지 투명하게 읽어 낼 수는 없는 법이다.

두 친구의 비극은 사소한 대화에서 시작되었다. 한 친구가 동생 부부의 잦은 다툼을 꾸짖고 잘 살라며 타이른 이야기를 꺼냈다. 그 친구는 현재 이혼 후 혼자 살고 있었다. 이야기를 듣던 다른 친구가 농담조로 한마디를 툭 던졌다.

"야, 너는 이혼했잖아. 네가 그런 소리를 하면 동생이 듣겠냐?"

친한 사이니 웃어넘길 수 있으리라 생각한 가벼운 농담이었다. 하지만 그 순간, 식당 안은 얼어붙었다. 농담을 들은 친구는 고래고래 소리를 지르고 욕설을 뱉으며 폭발했다.

"너는 그 입이 문제야!"

수많은 사람 앞에서 모욕을 당한 두 사람은 그날 이후 수십 년의 우정을 끊어 냈다. 이혼했다는 사실이 틀린 말은 아니다. 이혼이 죄도 아니고 흉도 아닌 시대다. 그래서 말하는 이에게는 '가벼운 팩트'였을 것이고, 듣는 이에게는 가장 아픈 곳을 찔린 '자존심의 붕괴'였을 것

  5장 말하기의 무한한 가능성

이다. 반대로 사람 많은 곳에서 그 폭발을 고스란히 받아 내며 "입이 문제"라는 비난을 들은 친구의 입장도 다르지 않다. 가벼운 마음으로 건넨 농담이 한순간에 인격 모독으로 돌아온 순간, 그의 자존심 역시 갈기갈기 긁혔을 것이다.

누구의 잘못인지를 따지기 전에 이미 상황은 돌이킬 수 없게 되었다. 서로의 입장을 헤아리지 못한 채 내뱉은 서툰 말과 감정을 정제하지 못하고 튀어나온 거친 대응. 이처럼 말은 칼보다 날카롭게 우정의 근간을 베어 버린다.

벤저민 플랭클린의 겸손한 화법

미국의 건국 공로자인 벤저민 프랭클린은 젊은 시절 지나치게 똑똑한 척하며 남의 잘못을 지적하다가 주변에 적을 많이 만들었다. 이를 깨달은 그는 이후 "내 생각에는……", "내가 알기로는……"과 같은 겸손한 표현을 쓰

Ann 이런 가운데 사과 주산지인 우리 지역의 피해는 더 클 수밖에 없겠네요?

Rep 네. ○○ 지역만 보더라도 지난해 발생한 산불과 과수 냉해로 5천여 농가에서 큰 피해를 입었는데요. ○○군의 주력 농산물인 사과 또한 산불로 296ha, 저온 피해로 2,277ha에 대한 피해가 발생했습니다. 이는 전체 면적 가운데 72%에 해당하는 수치입니다.

Ann 절반이 넘는 농가가 피해를 본 셈이군요?

Rep 그렇습니다. 지난해엔 사과 생산량이 예년에 비해 5%가량 떨어졌는데요. 큰 차이가 없다고 보실 수도 있겠지만 수확한 사과의 품질 또한 다소 떨어지면서 농가에서 소득을 보전하는 것이 어려운 지경이었습니다. 그 대안으로 떠오르는 것이 바로 등외품으로 불리는 일명 '못난이 사과'입니다.

리포터의 역할은 현장의 생생한 모습을 전하는 데서 끝나지 않는다. 피해가 발생했다면, 그 사실을 알리는 것에

4장 생생한 리포터의 세계

그치지 않고 이 문제가 어떻게 보전되고, 어떤 과정을 거쳐 복구될 수 있는지까지 함께 짚어야 한다. 현장에서 만난 사람들의 목소리를 통해 현실을 드러내고, 전문가와 관계자의 설명을 연결해 가능한 대안을 제시하는 것 또한 리포터의 몫이다. 시청자가 상황을 이해하는 데서 멈추지 않고, '그다음은 무엇인가'를 생각하게 만드는 것, 그것이 취재 리포터가 전달해야 할 이야기의 완성이다.

Ann 못난이 사과라고 규정하는 기준이 있을지요?

Rep 네, 농산물공판장에는 급에 따라 사과가 선별돼
     경매가가 산정되는데, 우선 이 부분에 대한 이야
     기는 ○○군청 담당자의 설명으로 들어보시죠.

컷 1 (담당자의 녹음 목소리)

하나의 아이템을 취재할 때, 현장의 목소리는 반드시 인터뷰 컷으로 담겨야 한다. 이를 위해 리포터는 담당

　마이크 앞에 서고 싶은 당신에게

기 시작했다. 그는 상대를 비난하거나 단정 짓지 않는 화법을 통해 수많은 이들을 친구로 만들며 결국 외교 무대에서 큰 성공을 거두었다.

농담 한마디에 수십 년 우정이 깨진 지인의 사례처럼, 말은 한 사람의 인생 전체를 담는 그릇이다. 유재석이 오랜 시간 정상의 자리를 지키는 이유도 타인을 배려하는 '낮은 말' 덕분이다. 결국 우리가 남기는 것은 업적이 아니라, 우리가 뱉은 말들이 만들어 낸 '관계의 흔적'이다. 내가 오늘 던진 말 한마디가 누군가에게는 평생의 상처가 될 수도, 평생의 보험이 될 수도 있음을 기억해야 한다.

말은 낙인이 된다
― 꼼꼼함이 '별남'으로 낙인찍힌 순간

말은 보이지 않는 '낙인'이 되어 상대의 마음을 할퀴기도 한다. 최근 새로운 보금자리를 마련하기 위해 부동산 중개업소를 찾았던 한 지인의 경험담은 우리에게 시사하

　　　　　　　　　　　　　5장 말하기의 무한한 가능성

는 바가 크다. 평생을 성실히 일해 마련하는 소중한 집이었기에, 지인은 등본상의 권리관계부터 실질적인 관리비, 벽면의 작은 하자까지 꼼꼼히 살피고 질문을 던졌다. 평면도의 수치를 확인하고 혹시 모를 보수 내역을 묻는 것은 계약자로서 당연히 누려야 할 권리이자, 안전한 이사를 위한 최소한의 절차였다. 하지만 돌아온 중개사의 한마디는 지인의 기대감을 단번에 무너뜨렸다.

"이런 것까지 물어보는 분은 처음이네요."

중개사는 자신의 매물이 완벽하다는 확신을 주기 위한 의도였을지 모른다. 하지만 그 순간, 지인은 꼼꼼한 계약자가 아니라 '별나고 유별난 사람'이라는 낙인이 찍힌 듯한 불쾌감을 느꼈다. 기분 좋게 계약하고 좋은 기운을 담아 새집으로 가고 싶었던 설렘은 그 무신경한 한마디에 차갑게 식어 버렸다.

중개사의 입장에서는 수많은 손님 중 한 명에게 던진 '팩트'였을지 모른다. 하지만 듣는 이에게는 자신의 신중함을 '이상함'으로 치부해 버린 무례한 평가였다. 상대의 절실함과 신중함을 헤아리지 못한 채 내뱉은 서툰 말 한

　　　　　마이크 앞에 서고 싶은 당신에게

마디는, 수억 원이 오가는 큰 계약의 기쁨마저 순식간에
망쳐 버렸다.

　결국 대화의 본질은 '무엇을 말했느냐'보다 '상대가 어
떻게 느끼느냐'에 있다. 내 기준에서는 사소한 농담이나
확신이, 상대에게는 자존감을 갉아먹는 무거운 돌덩이
가 될 수 있음을 우리는 늘 경계해야 한다. 한순간의 말
실수가 쌓아온 신뢰를 무너뜨리고, 시작도 하기 전에 관
계의 문을 닫아 버리는 비극은 이처럼 사소한 곳에서 시
작된다.

호텔왕 콘래드 힐튼의 존중 대화법

상대의 요구를 최고의 가치로 존중해 성공한 인물이 있
다. 바로 '호텔 왕' 콘래드 힐튼이다. 호텔 사업 초기, 밤늦
게 베개 높이를 맞추고 차의 농도까지 따지는 까다로운 손
님이 있었다. 그는 손님에게 이렇게 답했다. "손님, 저희
의 서비스가 손님의 안목만큼 세심하지 못해 죄송합니다.

　　　　　　　　　　5장 말하기의 무한한 가능성

삶의 질을 소중히 여기시는 분께 저희가 그 '품격'을 맞출 기회를 주셔서 감사합니다." 고객을 '까다로운 사람'이 아닌 '안목 있는 사람'으로 대접한 그의 말 한마디는 작은 여관을 세계적인 호텔 체인으로 키운 원동력이 되었다.

말하기의 본질도 이와 같다. 부동산에서 느낀 불쾌함 역시 '말 한마디'의 차이다. 만약 "집을 이렇게 소중히 생각하시니 더 꼼꼼히 챙기겠습니다."라고 했다면 어땠을까? 프로와 아마추어는 한 끗 차이다. 오늘 던진 말 한마디가 누군가에게는 지우고 싶은 '낙인'이 될 수도, 다시 찾고 싶은 따뜻한 '환대'가 될 수도 있음을 기억해야 한다.

말은 재능이 아니라 '사랑'이며 '전략'이다

국민 MC 유재석이 오랜 시간 독보적인 사랑을 받는 이유는 단순히 말을 유창하게 잘해서가 아니다. 상대를 살리는 말, 상대의 품격을 지켜 주는 말, 그는 말로 웃음을 만들지만, 동시에 그 말로 사람과의 관계를 견고하게 지켜 낸다.

　이를 가장 잘 보여 주는 장면은 〈유 퀴즈 온 더 블럭〉에서 함께 호흡을 맞추는 조세호 씨와의 대화 속에 숨어 있다. 예능인이라면 누구나 웃기고 싶은 욕심이 앞서기 마련이다. 조세호 씨 역시 의욕이 앞선 나머지 무리한 농담을 던져 현장 분위기를 싸하게 만들 때가 종종 있다. 일반적인 진행자라면 무시하거나 면박을 주어 상황을 넘기려 하겠지만, 유재석은 달랐다. 그는 오히려 그 민망한 순간을 포착해 재미있는 상황으로 반전시킨다.

　"저 친구가 여러분을 웃기고 싶어서 마음이 급했네요. 제가 대신 사과드립니다."

　이 짧은 한마디는 얼어붙은 분위기를 녹일 뿐만 아니라, 자칫 통편집될 수도 있었던 조세호라는 인물의 서투름을 '미워할 수 없는 캐릭터'로 승화시킨다. 유재석은 알고 있는 것이다. 상대를 깎아내려 얻는 웃음은 유효기간이 짧지만, 상대를 지켜 주며 만드는 웃음은 신뢰라는 자산을 남긴다는 것을. 그의 말하기 전략은 상대가 가장 빛날 수 있는 자리를 마련해 주는 깊은 배려, 즉 '사랑'에

　　　　　　　5장　말하기의 무한한 가능성

기반하고 있다. 이것이 바로 그가 시대가 변해도 대체 불가능한 존재로 남은 진짜 비결이다.

이 모든 사례가 말해 주는 결론은 하나다. 말은 타고 난 재능이 아니며 방송인들만의 전유물도 아니라는 것. 말 한마디에 담긴 재치는 합격을 부르는 특약이자 평가 를 뒤집는 반전의 카드다. 또한 누군가에게는 부를 가 져다주는 기회의 신호가 되고, 소중한 관계를 지켜 내는 최후의 보루가 되어 우리 삶의 결정적인 순간마다 그 빛 을 발한다.

그래서 나는 감히 말한다. 당신의 커리어와 인생을 지 켜 줄 가장 수익률 높은 보험은 바로 '말 공부'라고. 아 나운서로, MC로, 강사로, 리포터로 수많은 무대 위에 서 뱉어 냈던 나의 말들은 단순히 정보를 전달하는 기술 이 아니었다. 그것은 사람의 마음을 열고, 닫힌 문을 부 수며, 새로운 길을 내는 '삶의 근육'을 단련하는 과정이 었다.

이제, 당신 차례다. 마이크를 잡지 않아도 좋다. 화려

         마이크 앞에 서고 싶은 당신에게

한 수식어가 없어도 괜찮다. 다만 당신의 입술을 떠난 말이 누군가의 가슴에 꽂히는 화살이 될지, 새로운 인생을 여는 열쇠가 될지는 오직 당신의 말 공부에 달려 있다. 성공하고 싶은가? 사람을 얻고 싶은가? 혹은 무너진 관계를 회복하고 싶은가? 그렇다면 다시 첫 장으로 돌아가라. 그곳에 당신의 인생을 바꿀 '말하기의 기술'이 기다리고 있다.

당신의 목소리가 세상에 닿는 순간, 당신의 진짜 인생도 비로소 시작될 것이다.

말하기를 최강의 무기로 만들기

조직이라는 울타리를 벗어나 프리랜서를 꿈꾸는가? 그렇다면 당신에게 말하기는 선택이 아닌 생존 그 자체가 된다. 다시 한번 프리랜서를 꿈꾸는 당신에게 강조하고 싶다. 평생직장의 시대가 저물고 '나'라는 이름이 곧 브랜드가 되는 N잡러의 세상에서, 말하기는 당신의 가치를 가장 빠르게 돈과 기회로 바꿔 주는 강력한 무기다.

회사는 당신의 실수를 가려 주지만, 프리랜서의 세계는 냉정하다. 미팅 자리에서의 첫인상, 내 전문성을 설명하는 5분의 브리핑, 협상 테이블에서 내뱉는 단 한마디에 따라 계약 성사 여부가 결정된다. 실력이 종이 한 장 차이라면, 세상은 반드시 '자신의 실력을 매력적으로 설명할 줄 아는 사람'을 선택한다.

나 역시 아나운서와 MC라는 프리랜서의 길을 걸어오

 마이크 앞에 서고 싶은 당신에게

며 수없이 체감했다. 화려한 포트폴리오보다 강력한 것은 상대의 마음을 움직이는 단단한 목소리와 논리적인 언어였다. 프리랜서에게 말하기는 단순히 유창한 화술이 아니다. 상대가 내게 일을 맡겨도 되겠다는 확신을 주는 '신뢰의 기술'이자, 내 노동의 대가를 정당하게 요구하는 '협상의 기술'이다.

실력은 훌륭하지만 말수가 적거나 말 센스가 부족해 기회를 놓치는 사람들을 볼 때마다 나는 안타까움을 느낀다. "나는 내 일만 잘하면 되지, 굳이 말까지 잘해야 하나?"라고 묻는 이들에게 나는 단호하게 답한다. 당신의 뛰어난 실력을 세상에 통용되는 가치로 환산해 주는 유일한 환전소가 바로 '말하기'라고.

말 공부는 당신의 직업 범위를 무한히 확장해 준다. 동네 피아노 선생님이 전국구 유명 강사로 거듭나고, 평범한 강사가 수만 명의 구독자를 거느린 유튜버로 도약하며, 유튜버가 한 분야를 대표하는 아이콘이 되는 파격적인 시장, 그 모든 과정에는 언제나 '말의 힘'이 작용한다.

     5장 말하기의 무한한 가능성

준비되지 않은 말은 당신의 앞길을 가로막는 걸림돌이 되지만, 제대로 단련된 말은 당신을 어떤 위기에서도 지켜 주는 가장 든든한 보험이자, 누구도 넘볼 수 없는 최강의 무기가 될 것이다.

말이 돈이 되게 하는 실전 전략

실력이 비슷한 두 명의 프리랜서 중, 왜 한 명은 몸값이 계속 오르고 다른 한 명은 제자리일까? 내 입술을 떠난 말이 통장의 숫자로 돌아오게 만드는 3가지 핵심 전략을 기억하라.

'과정'이 아닌 '결과'의 언어를 사용하라(Benefit Selling)

사람들은 당신의 노고에 돈을 지불하지 않는다. 당신의 말이 그들의 문제를 어떻게 해결해 줄지에 돈을 지불한다.

 마이크 앞에 서고 싶은 당신에게

▷ 하수: "저는 아나운서 출신이라 전달력이 좋습니다." (과정 중심)

▷ 고수: "제 강의를 듣고 나면, 투자자의 마음을 읽어 내는 강력한 대안을 찾아낼 것입니다." (결과 중심)

▷ Tip: 상대가 얻게 될 '이득(Benefit)'을 구체적인 그림으로 그려 주어라.

나만의 '시그니처 키워드'를 선점하라(Personal Branding)

N잡러 시대에 "무엇이든 잘합니다"는 "아무것도 특별하지 않습니다"와 같다. 짧고 강렬한 한 문장으로 당신의 정체성을 정의하라.

▷ 실전 연습: "안녕하세요, 저는 [대상]에게 [가치]를 전달하여 [결과]를 만들어 내는 [이름]입니다."

▷ 예시: "저는 막막한 분들에게 말하기라는 보험을 설계해 주고 평생 직업을 갖게 돕는 스피치 강사 김선영입니다."

▷ Tip: 이 문장이 입에 붙어 어디서든 3초 만에 튀어나올 때, 당신의 몸값은 비로소 브랜드가 된다.

　　　　　5장　말하기의 무한한 가능성

'거절'을 '재협상'으로 바꾸는 질문법(Closing)

프리랜서에게 가장 가슴 아픈 말은 "다음에"이다. 이 때 당황하지 말고 질문으로 주도권을 되찾아라.

▷ 상황: "예산이 좀 부족해서 이번엔 힘들 것 같습니다."
▷ 응대: "아, 그러시군요. 혹시 예산에 맞춰 서비스 범위를 조정해 볼까요?"
▷ Tip: 거절의 말을 끝으로 받아들이지 마라. 질문을 통해 상대가 선택할 수 있는 '대안'을 제시하는 순간, 닫혔던 문이 다시 열릴 수 있다.

마지막으로 아래 표를 통해 내가 내뱉는 말이 나를 지켜 주는 무기인지, 나를 깎아 먹는 소음인지 점검해 보자.

마이크 앞에 서고 싶은 당신에게

N잡러의 무기: 말하기 실전 체크리스트

구분	항목	체크
위기 대처	면접 시 예상되는 압박 질문에 여유롭게 받아칠 준비가 되어 있는가?	☐
공감 대화	상대의 전문 용어가 아닌, 상대의 '눈높이'에 맞춘 단어를 선택하는가?	☐
핵심 요약	나의 성과를 구구절절 설명하기보다, 결과로 증명하는 한 문장(Hook)이 있는가?	☐
감정 조절	부정적인 피드백을 들었을 때, 감정보다 '해결책'을 먼저 말하는가?	☐
목표 지향	미팅이나 대화 전, 내가 얻고자 하는 '설득의 목적'을 명확히 인지하는가?	☐
관계 매너	상대의 아픈 곳(콤플렉스)을 농담으로 삼지 않는 '배려의 필터'가 작동하는가?	☐

＊

　프리랜서를 고민하는 당신, 말을 잘하고 싶은 당신. 준비되었는가?

코트 위를 호령하던 농구선수 서장훈, 아이들의 마음을 읽는 의학박사 오은영, 그리고 런웨이의 전설 모델 한혜진. 이들의 공통점은 무엇일까? 본업으로 최고의 자리에 선 이들이면서 '독보적인 화법'으로 방송계에서도 '대체 불가능한 브랜드'가 되었다.

나라는 상품의 가치를 증명하고, 세상이 먼저 나를 찾게 만드는 가장 강력한 마케팅 수단은 결국 '말하기'다. 냉정한 방송계에서 끝까지 살아남은 이들은 모두 자신만의 독보적인 화법을 가진 '말의 고수'들이다. 실력은 충분한데 말이 서툴러 기회를 놓치고 있다면, 당신은 지금 가장 날카로운 무기를 녹슬게 방치하고 있는 셈이다. 당신이 주저하는 순간, 그 기회는 이미 말을 무기로 삼은 다른 사람의 손으로 넘어간다.

  마이크 앞에 서고 싶은 당신에게

무대 위 빛나는 별, 바로 당신입니다

이 책을 덮는 지금, 당신은 여전히 '내가 정말 잘할 수 있을까?'라는 의구심을 품고 있을지도 모릅니다. 하지만 분명한 사실이 하나 있습니다. 이 책을 끝까지 읽은 당신은 이미 자신만의 무대에 설 준비를 시작한 사람이라는 것입니다.

아나운서, MC, 리포터, 강사…… 특별히 말 잘하는 사람들에게 허락된 직함이 아닙니다. 남들보다 완벽해서가 아니라, 남들보다 한 번 더 마이크 앞에 서기를 포기하지 않은 사람들에게 시간이 선물처럼 붙여 준 이름들일 뿐입니다. 지금 그 막막한 과정을 지나고 있는 분들이라면, 저의 40년 기록이 실전 지침서이자 든든한 이

정표가 되기를 바랍니다.

무대는 예고 없이, 누구에게나 찾아옵니다

방송인에게만 무대가 주어지는 게 아닙니다. 우리는 매일 직장에서, 학교에서, 혹은 소중한 모임에서 누군가의 앞에 서야 하는 순간을 마주합니다. 상사에게 명쾌하게 보고하고 싶은 직장인, 발표 공포증을 이겨 내고 싶은 학생, 어색한 분위기를 매끄럽게 이끌고 싶은 모임의 리더까지. 무대는 어느 날 갑자기, 우리 모두에게 찾아옵니다.

그 순간이 두려움이 아닌 설렘이 되기를, 막막한 어둠이 아닌 빛나는 기회가 되기를 진심으로 바랍니다. 만약 길을 잃은 기분이 든다면 다시 이 책을 펼쳐 보십시오. 그곳에 당신만의 말하기 방향을 찾아 줄 단서들이 기다리고 있을 것입니다.

이제, 당신의 인생을 말하기로 리브랜딩하세요. 이 책에 담긴 저의 모든 실전 팁은 결국 당신을 위한 것입니다. 아나운서라는 직업의 옷을 입고 체득한 기술들이지만, 그 본질은 당신의 일상과 비즈니스를 단단하게 지탱

　　　　　　　　　마이크 앞에 서고 싶은 당신에게

해 줄 '성공의 공식'입니다.

말하기는 재능이 아니라 반복된 훈련으로 만들어지는 근육과 같습니다. 제가 무대 위에서, 교실에서, 그리고 수많은 만남 속에서 겪은 시행착오와 성공의 기록들이 당신의 강력한 무기가 되길 바랍니다.

이제 준비는 끝났습니다. 이제 당신이 입을 열어 당신의 가치를 증명할 차례입니다. 마이크는 당신 앞에 놓여 있습니다. 이 책을 덮는 순간, 당신의 말은 당신의 직업이 되고, 당신의 새로운 인생을 열어 줄 것입니다.

작은 반복이 모여 거대한 반전이 됩니다. 저 역시 수많은 시행착오를 겪으며 이 자리에 왔습니다. 경상도 사투리, 작은 키, 세기 힘들 만큼 많았던 면접 탈락의 고배……. "왜 굳이 이 힘든 길을 가려 하느냐"는 차가운 질문 속에서도 제가 할 수 있는 건 오직 하나뿐이었습니다. 포기하지 않고 한 번 더 마이크 앞에 서는 '선택'을 반복하는 것. 그 사소한 반복이 쌓여 지금의 제가 되었습니다.

당신도 다르지 않습니다. 지금 당장 화려하지 않아도

괜찮습니다. 무대가 작고 조명이 없어도 상관없습니다. 당신의 진심이 담긴 말이 누군가에게 가닿는 순간, 그곳은 이미 세상에서 가장 빛나는 당신만의 무대이기 때문입니다.

이 책이 '내가 해도 될까?'라는 망설임에는 '무조건 해도 된다'는 증거가 되고, '과연 할 수 있을까?'라는 불안함에는 '반드시 할 수 있다'는 단단한 확신이 되기를 소망합니다. 당신의 다음 한 걸음을 응원합니다.

책을 덮은 뒤에도 궁금한 점이 남았거나, 현장에서 겪는 생생한 고민을 나누고 싶다면 언제든 문을 두드려 주십시오. 이 책에 적힌 메일과 연락처는 단순한 정보가 아니라, 당신의 앞날을 응원하고 싶은 저의 진심 어린 초대장입니다.

먼저 이 길을 걸어 본 선배이자 조언자로서, 당신의 다음 한 걸음을 기쁘게 맞이하겠습니다. 무대의 주인공은 태어날 때부터 정해져 있는 것이 아닙니다. 오늘도 마이크 앞에 서기를 선택한 사람, 마이크의 두려움을 이

 마이크 앞에 서고 싶은 당신에게

겨 내기 위해 이 책을 보고 있는 바로 당신이 무대의 주
인공입니다.

그 어떤 마이크 앞에서도 빛날 당신을 응원합니다.

2026년 초봄

김선영

에필로그